변화
너머

Beyond Change

변화 너머

신동형 지음

2040 디지털 세상을 주도할 기술 전쟁의 시작

메디치

사랑하는 나의 가족에게

5G 기술과 그 이후의 기술은

스마트폰을 대체할 혁신의

새로운 인프라가 될 것입니다.

2040년을 향한 와해성 혁신은 이미 시작되었다

스마트폰 중심, 당연한 일상에 문제를 제기하다

20년 전 우리는 스마트폰이 없어도 잘 살았지만 지금 스마트폰 없는 일과 삶을 상상할 수 있을까요? 스마트폰이 손에서 떨어져 있다는 상상만으로도 우리는 두려움과 불안에 사로잡힙니다. 친구들과 연락은 어떻게 해야 할지, 업무 처리에 필요한 이메일을 보내고 받는 일은 어떻게 해야 할지, 송금 등 은행 업무 처리는 어떻게 해야 할지, 오늘 저녁에 먹을 음식은 어떻게 주문해야 할지 등 수만 가지 걱정부터 앞섭니다. 스마트폰은 그저 한 손에 쥐어지는 자그마한 기기일 뿐인데 말입니다.

스마트폰이 일상화되기 전에는 휴대전화가 그랬던 것 같습니다. 휴대전화 역시 손에 쥘 수 있는 기기일 뿐인데, 이것 없이는 하루도 못 살 것 같았죠. 하지만 지금은 휴대전화는 기억에서 사라져가고, 그 자리를 스마트폰이 대체하고 있습니다. 이처럼 사람들의 일상에 밀착해 다른 사람 또는 온라인 디지털 세상과 연결하고 소통하게 하는 이동통신 기반의 기술 혁신은 일상은 물론 경제와 사회 전반을 바꾸어왔습니다. 이러한 혁신은 갑작스럽게 나타나기보다는 그 기반이 마련된 다음 변화를 가져옵니다. 우리가 사용하는 스마트폰에도 그 패턴은 그대로 적용되었습니다.

1992년 IBM 사이먼이 최초 스마트폰으로 출시되었고, 2002년 블랙베리가 업무용으로 기업용 시장에서 주목받았습니다. 하지만 스마트폰이 본격적으로 사람들에게 주목받기 시작한 시점은 앱 장터인 앱스토어와 3G³세대 이동통신 기술가 적용된 아이폰 3G가 출시된 2008년 이후였습니다. 그렇다면 오랫동안 존재해온 스마트폰이 왜 2008년이 되어서야 갑작스럽게 사람들 삶에 깊숙이 스며들 수 있었을까요? 다양한 측면에서 그 이유를 찾아볼 수 있겠지만, 무엇보다도 이동통신 기술 진화와 망 구축을 언급하지 않을 수 없네요.

이동통신 기술과 망은 인프라로서, 그 위에서 전개되는 기기, 콘텐츠와 서비스의 기술적 특징을 정의합니다. 즉, 디지털 세상이 활주하는 고속도로라고 할 수 있습니다. 고속도로의 특징, 즉 도로 폭과 차선의 넓고 좁음에 따라 그 위를 달리는 차량은 물론 이동량도 달라집니다. 또 차량 기술과 이동량, 주변 환경의 변화에 따라 고속도로를 주기적으로 개선하고 확장 공사를 하는 것과 같이 이동통신 기술과 망도 주기적으로 진화하는데요, '10년 기술 혁신 주기와 20년 세상 변화 주기'가 통용됩니다. 즉, 1G와 2G는 휴대전화를 위한 망이었고, 2000년 시작된 3G 그리고 그 뒤를 잇는 4G^{4세대 이동통신 기술}는 스마트폰의 성능을 오롯이 구현하는 데 필요한 이동통신 기술과 망이었습니다. 3G 덕분에 데이터통신이 가능해졌고, 3G와 4G 모두 스마트폰 사용에서 가장 중요한 데이터통신의 속도와 용량을 현저히 개선하는 방향으로 진화해왔지요. 이것이 스마트폰의 성능을 본격적으로 구현할 수 있는 3G망이 보편적으로 구축된 이후인 2000년대 후반에 와서야 아이폰이 비로소 스마트폰이라는 이름으로 시장에서 폭발적인 관심을 받을 수 있었던 이유였습니다.

바야흐로 2020년대가 시작되면서 새로운 이동통신 기술인 5G^{5세대 이동통신 기술}망이 구축되고 있습니다. 5G는 3G와 4G가 지향한 데이터 전송 속도와 양을 넘어 새로운 기술적 특징이 있습니다. 이는 2030년대에 시작될 6G에서도 계속 강화될 것으로 예상합니다. 이러한 기술적 특징이 3G와 4G망이 이끌었던 스마트폰을 넘어선 새로운 혁신의 특징을 정의합니다.

5G와 6G망이 지향하는 기술적 특징은 세 가지로 정리할 수 있습니다. 첫째, 5G와 6G가 구현할 데이터 속도와 용량은 스마트폰 화면 안에 갇힌 2차원 콘텐츠를 넘어 3차원 360도 콘텐츠에 기반한 확장현실^{eXtended Reality, XR}의 구현을 가능하게 합니다. 둘째, 스마트폰 외에 다양한 기기 장치가 이동통신망을 통해 연결되는 사물 인터넷

Internet of Things, IoT이 보편화할 것입니다. 셋째, 이를 기반으로 지금과는 비교되지 않는 엄청난 양의 데이터가 수집 · 축적되고 인공지능 Artificial Intelligence, AI과 결합해서 함께 활용될 것입니다. 5G와 6G는 확장현실XR, 사물 인터넷IoT, 인공지능AI, 즉 'XIA'를 위한 망입니다. 그리고 XIA가 스마트폰 변화 너머 2040년까지 기술 혁신의 핵심이 될 것입니다.

XIA와 함께할 사람들과 일상의 변화

물론 확장현실, 사물 인터넷, 인공지능이 변화시킬 새로운 세상도 사람들의 관심과 수용이 없다면 불가능하겠지요. 하지만 스마트폰과 함께 자라난 세대인 이른바 MZ세대1980년대 초에서 2000년대 초 태어난 '밀레니얼 세대'와 1990년대 중반부터 2000년대 초반 출생한 'Z세대'를 아우르는 말는 이미 스마트폰을 사용하면서 새로운 변화를 일부 체험하고 받아들이고 있습니다. 그리고 기존 세대도 이미 스마트폰과 연결 기기들을 통해 학습할 준비가 되었다는 것을 알 수 있습니다. 만약 기술 환경이 충분히 지원된다면 이들 속으로 스며드는 시간은 과거보다 더 빨라질 수도 있습니다.

스마트폰은 사람들이 언제 어디서나 디지털 세상에 접근해 연결할 수 있는 관문 역할을 하며 일상을 디지털로 전환했습니다. 하지만 지금껏 사람들은 디지털 세상을 스마트폰 화면 너머로 경험할 수밖에 없었습니다. 그에 반해, 5G와 6G가 가능하게 할 확장현실, 사물 인터넷과 인공지능의 확산은 사람들이 존재하는 현실 세상이 디지털 세상과 더 긴밀하게 결합한 삶을 가능하게 합니다. 예를 들어 확장현실은 3차원 360도 콘텐츠 환경을 가능하게 해서 사람들이 가상 디지털 세상으로 직접 들어가 소통하게 해줍니다. 그래서 스마트폰을 사용할 때 묶여 있던 손을 마음껏 사용하며 다양한 몸짓 언어를 표현할 수 있게 되는데요, 이로 인해 실제 세상에서 오감으로 소통할 수 있는 것과 같은 디지털 세상이 점점 더 가까워질 것입니다. 또 현실 세상에서는 서로 소통할 수 없던 사물들이 가상 디지털 세상에서 데이터와 인공지능의 도움을 받아 사물 간 또는 사람들과 소통할 것입니다. 다시 말해, 냉장고가 아바타로 등장해 이번 주 쇼핑 목록을 말하고, 자동차가 아바타로 등장해 나에게 출발해야 늦지 않는다고 말하기도 하고 늦지 않게 나를 목적지까지 이동시켜주기도 할 것입니다.

그 과정에서 사람들의 일상과 사회적 · 경제적 변화도 함께 진행될 것입니다. 먼저 가상 디지털 세상에서 생활하는, 즉 메타버스에서 일상생활을 하는 '생활 혁신'을 겪게 될 것입니다. 더 많은 사람의 일상이 가상 디지털 세상에서 이루어지므로 일상생활 속 서비스가 다양하게 변화할 것입니다. 예를 들어 지금은 스마트폰 앱을 이용해 금융 거래를 하지만 미래에는 가상 금융기관을 통해 직접 대면하는 것 같은 금융 거래를 할 수 있습니다. 가상일지라도 직접 확인하고 거래하므로 보이스 피싱 등이 확연히 줄어들 것입니다.

둘째, 사람들이 대부분 가상 디지털 세상에서 생활하고 일하므로 굳이 다른 사람들과 모여 생활할 실익이 없어져 저밀집 '원격사회'로 전환될 것입니다. 지금처럼 쇼핑몰 등 다양한 인프라에 가까이 살아야 할 효용이 줄어들며, 굳이 값비싼 거주 비용을 내면서 복잡한 도시에서 살아야 할 유인이 줄어들 것입니다. 그 과정에서 물류 산업은 더 촘촘하게 자동화할 테고요. 또 앞으로 더 넓은 공간에서 다른 사람들의 관여에서 벗어나 편안하게 생활할 수 있는 외곽 도시나 전원이 대도시보다 한층 더 각광받을 것입니다. 즉, 모여서 사는 고밀집 대도시 중심의 사회 혜택이 기술적으로 구현됨으로써 대도시의 해체가 가능해지고, 이것이 현재 뜨거운 감자인 부동산 문제를 해결하는 실마리가 될 것이라 생각합니다.

셋째, 가상 디지털 세상 속 생활과 물류 등 실제 세상에서 다양한 인자의 디지털화가 가속되고 더 많은 데이터가 생성되고 거래되는 '데이터 경제'가 활성화할 것입니다. 앞으로는 데이터가 실제 세상을 보완하는 역할을 넘어 메타버스 속 경제활동을 지탱하는 핵심이 될 텐데요, 이에 데이터의 가치 측정, 안전 거래, 소유권과 관련한 다양한 사업 기회가 생성될 것으로 보입니다.

세상 변화를 이끌어갈 여덟 가지 키워드
《변화 너머》에서는 5G와 6G망이 구축되어 확산하는 시점인 2021년부터 2040년까지 앞으로 20년간 스마트폰을 넘어서는 새로운 혁신이 가져올 세상의 변화를 이야기합니다.

먼저 2025년까지 5년간은 이후 20년의 변화를 가능하게 할 기반의 혁신이 수면 아래에서 치열하게 이루어질 것입니다. 그 과정에서 회광반조回光返照처럼 기존의 스마트폰이 가장 빛을 발하고 각광받는 시기라 수면 위에서는 더없이 고요해 보일 수 있습니다. 하지만 고

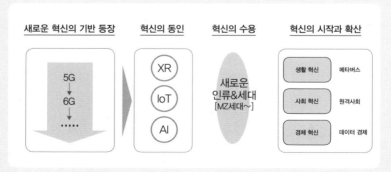

2040년까지의 변화 로드맵

요해 보이는 백조가 수면 아래에서는 부지런히 물장구를 치는 것처럼, 이 책에서는 겉으로는 드러나지 않지만, 수면 아래에서 부산하게 일어나는 변화를 언급하고 앞으로 20년 동안 진행될 혁신을 위한 인프라가 어떻게 구축되는지를 독자 여러분에게 소개할 것입니다. 그리고 앞으로 20년간 일어날 혁신의 방향인 XIA, 즉 확장현실, 사물 인터넷, 인공지능의 특징과 이에 따른 변화를 자세히 소개할 것입니다. 마지막으로 이러한 기술적 변화가 이를 수용할 사람들과 그 사람들의 커뮤니티에 미칠 생활과 사회적 · 경제적 변화를 깊이 다룰 것입니다.

지금 명실공히 세상의 중심이라 할 스마트폰을 넘어 '5G, 6G, 확장현실, 사물 인터넷, 인공지능, 메타버스, ^{저밀집} 원격사회, 데이터 경제'가 핵심 키워드로 등장할 새로운 세상, 이를 탐험하는 여정을 저와 함께하지 않으시겠습니까?

차례

프롤로그 | 2040년을 향한 와해성 혁신은 이미 시작되었다 · · · 8

1부 | 와해성 혁신으로 이후 시장을 지배하라 · · · 20

　1장 | 2021년 시작되어 2040년까지 계속될 새로운 혁신 · · · 24

　• 시스테믹 혁신, 20년 혁신을 정의할 생각의 프레임 · · · 25

　• 10년마다 변하는 기술, 20년마다 바뀌는 세상 · · · 28

　• 2025년까지 준비 상황이 향후 20년의 혁신 결정 · · · 34

　2장 | 새로운 혁신의 특징을 품은 5G와 6G · · · 37

　• 더 빠르게, 더 많이, 더 안정적이고 실시간 소통이

　　가능한 5G 세상 · · · 38

　• XIA 혁신 · · · 40

　• 논의 중인 6G 기술: 5G의 고도화 · · · 42

　3장 | 스마트폰 이후 혁신을 위한 인프라, 클라우드와 웹 · · · 44

　• OS 타령은 이제 그만! · · · 45

　• 글로벌 클라우드 경쟁 심화 · · · 53

　• 앱리스 세상, 웹 브라우저만 있으면 돼! · · · 60

4장 | 새로운 20년 혁신을 위한 시도와 사람들의 적응 ··· 65

• 게임, 혁신의 청사진을 품다 ··· 66

• 실감 콘텐츠 확산과 보편화 ··· 70

• 금융과 상거래 서비스의 디지털화 · 가상화 ··· 75

2부 | 스마트폰 없는 세상이 온다 ··· 88

5장 | 확장현실, 비현실의 현실화 ··· 95

• 미디어 진화: 3차원 360도 콘텐츠로 ··· 97

• 확장현실, 스마트폰을 잇는 차세대 플랫폼 ··· 101

• 실감 기술 사례 ··· 102

6장 | 사물 인터넷, 사물과도 사람들과 이야기하듯 소통하다 ··· 108

• 사물들이 소통하는 세상 ··· 109

• 5G, 보편적 사물 간 연결성을 가능하게 하다 ··· 115

• 사람처럼 소통하는 사물 ··· 118

7장 | 데이터가 인공지능과 결합해 자동화 · 자율화를 확대하다 ··· 120

• 자동화 · 자율화의 재료: 데이터, 인공지능, AIoT ··· 122

• 4차 산업혁명에 적응하려면 ··· 128

• 움직이는 스마트폰, 자율주행차 ··· 130

3부 | 스마트폰 없는 세상, 새로운 세대와 만나다 ··· 134

8장 | 새 세상에 적응할 준비가 된 새로운 세대 ··· 138

• MZ세대의 등장 ··· 140

• 내가 중심인 변신의 귀재들 ··· 142

• 능동적으로 학습하는 영상 세대 ··· 146

9장 | 스마트폰리스 세상 소비자의 특징 ··· 150

• 디지털 세상이 현실보다 더 많은 비중 차지 ··· 150

• 사람이 아닌 콘텐츠, 사물과 능숙하게 소통 ··· 158

• 인공지능, 로봇과 함께하는 일상 ··· 163

10장 | 기성세대, 새로운 일상에 적응하다 ··· 165

• 스마트폰 플러스에 적응 ··· 165

• 홈트를 통한 가상 세상 속 연결과 사물 인터넷 경험 ··· 167

• 새롭게 일하는 방식도 적응 중 ··· 169

4부 | 스마트폰리스 세상의 모습 ··· 172

11장 | 메타버스, 생활의 중심은 디지털 ··· 176

• 메타버스의 재조명 ··· 177

• 메타버스 2.0이란 ··· 181

• 게임은 메타버스 자체 ··· 184

• 소셜 미디어의 진화: XR, 아바타, 디지털 트윈의 공간으로 ··· 186

• 메타버스의 미래 그리고 접근 ··· 190

12장 | 복잡한 대도시의 해체와 원격사회 전환 ··· 192

• 이미 시작된 원격사회 그리고 저밀집 경제 ··· 193

• 거주 혁신, 복잡한 대도시 탈출 ··· 195

• 인간은 디지털 세상 속 사회적 동물 ··· 200

• 원격사회 속 대응 방안 ··· 204

13장 | 보이지 않는 데이터가 보이는 세상을 지배하다 ··· 207

• 데이터는 정보를 넘어 노동과 자원적 가치를 가질 것 ··· 207

• 데이터 경제, 데이터가 가치를 인정받고 거래되다 ··· 213

• 블록체인, 데이터 경제의 신뢰 인프라 ··· 216

• 데이터 경제 시대를 마주하는 자세 ··· 219

에필로그 | 운명처럼 접하게 된 '변화 너머'의 조각들 ··· 220

Beyond
Change

1부

와해성 혁신으로
이후 시장을 지배하라

INTRO

앞으로 20년간 사람들이 스마트폰 화면을 넘어 단절된 채 존재했던 콘텐츠 환경에서 벗어나 콘텐츠 속으로 들어가 다양한 사물과 소통하는 새로운 세상이 나타나는 혁신이 일어날 것입니다. 이는 새로운 디지털 세상을 가능하게 하는 고속도로인 5G라는 새로운 기술로 시작됩니다.

다만 5G가 촘촘히 그리고 제대로 구축될 적어도 5년 동안은 새로운 20년 혁신이 좀처럼 실체를 드러내지 않겠지만, 보이지 않는 곳에서 치열하게 변화를 준비할 것입니다. 그래서 2025년까지 사람들에게는 여전히 스마트폰만이 세상의 중심처럼 보일 수 있습니다. 하지만 혁신을 이루려는 보이지 않는 변화에서 스마트폰 이후 변화가 진행되는 것을 인지하고 준비해야 합니다.

먼저 5G라는 이동통신 기술과 망을 비롯해 스마트폰 기기를 넘어

2025년까지 보이지 않게 진행될 변화

인프라의 변화	새로운 혁신과 사람들의 적응
● 5G 구축과 6G 기술의 정의와 개발 ○ 데이터 전송을 더 빠르고 대용량으로 ○ 접속할 수 있는 기기들을 더 많게 ○ 데이터를 더 실시간으로 더 안정적이게 ● 클라우드화와 웹화 ○ 데이터는 스마트폰 안이 아닌 클라우드 　에서 저장·처리 ○ 서비스는 스마트폰 OS가 아닌 웹 브라 　우저에서 구동	● 새로운 20년 혁신의 청사진을 품고 있는 게임 ○ 새로운 기술과 기능을 쉽게 수용하는 이 　용자가 있는 게임에서 확장현실, 사물 　인터넷, 인공지능 등이 이미 활용 중임 ● 스마트폰 화면을 넘어선 실감 콘텐츠 환경 　보편화 노력들 ○ 다양한 확장현실 서비스에 대한 시도와 　노력들 ● 가상 세상을 경험하게 하는 일상 속 서비스들 ○ 금융과 상거래 서비스

클라우드와 웹 환경으로 전환되는 인프라 변화가 있을 것입니다. 그
리고 그 인프라가 가능하게 할 새로운 혁신과 사람들이 적응하는 모
습이 나타날 것입니다.

1장

·

2021년 시작되어 2040년까지 계속될
새로운 혁신

·

앞서 새로운 20년 혁신 또는 2021년부터 2040년까지 계속될 혁신이라고 단정했지요. 당연히 '왜? 20년 혁신일까?' '왜 2021년부터 2040년까지일까?' 궁금할 텐데요, 그 답을 찾는 출발점은 5G, 즉 5세대 이동통신 기술입니다. 이동통신 기술과 망은 사람들이 사용하는 기기와 서비스를 특징짓는 고속도로와 같은 인프라인데, 5G가 스마트폰을 넘어서는 새로운 혁신의 특징을 정의하기 때문입니다. 그래서 앞으로 나타날 새로운 혁신은 이동통신 기술과 망의 변화로 시작될 것입니다.

이러한 이동통신 기술에서 세대별 진화 과정을 살펴보면 재미있는 사실을 알 수 있는데, 이 부분이 바로 '10년 기술 혁신 주기와 20년 세상 변화 주기'입니다. 이것으로 3G의 2000년대에는 스마트폰

새로운 혁신에 대한 접근과 시사점

새로운 혁신에 대한 접근들

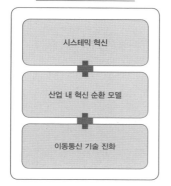

시사점

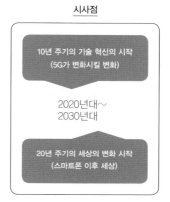

의 대명사가 된 아이폰이 등장했고, 4G의 2010년대가 그야말로 스마트폰 전성시대가 된 현상을 설명할 수 있습니다. 왜 그렇게 설명할 수 있는지는 혁신과 주변 인프라 구축 수준을 같이 살펴보아야 한다는 시스테믹 혁신과 함께 산업 내 혁신 순환 모델로 알아보겠습니다.

● 시스테믹 혁신, 20년 혁신을 정의할 생각의 프레임 ●

세상은 특정 기술이나 제품 하나가 특별하거나 뛰어나다고 해서 변하지 않습니다. 지금 우리에게 가장 익숙한 스마트폰은 예전에도 비슷한 제품이 있었습니다. 그런데 왜 그때는 안 되는 제품이었고 지금은 세상을 움직이는 중심이 되었을까요? 그 예로 개인용 정보 단말기$^{Personal\ Digital\ Assistant,\ PDA}$의 대명사인 팜PDA를 들 수 있습니다. 이 제품은 1990년대 중반에 나왔지만 운영체제^{OS}, 터치스크린, 다양한 앱을 내려받아 설치할 수 있는 등 현재 스마트폰의 핵심 특징을 모두 갖추었습니다. 그런데 왜 팜PDA는 지금처럼 누구나 사용하는 스마트폰으로 성장하지 못하고, 일부 비즈니스맨만 사용하다 사라졌을까요?

그 이유를 알려면 PDA와 스마트폰 자체를 들여다보는 것도 중요할 수 있습니다. 그 제품들을 둘러싼 이동통신 기술, 스마트폰의 머리인 AP$^{application\ processor}$와 메모리 등 반도체 기술, 디스플레이 기술, 배터리 기술, 소프트웨어 기술, 서버/클라우드 기술 등 전반적 환경에서 그 차이점이 두드러집니다. 이처럼 전반적 환경을 보는 접근법을 시스템 관점이라 하며, 시스템 관점에서 혁신에 접근하는 것을 시스테믹 혁신$^{systemic\ innovation}$이라고 일컫습니다. 또 시스템을 구성하며 혁신을 가능하게 하거나 가로막는 전반적 환경을 보완자산$^{complimentary\ assets}$이라고 정의합니다.

시스테믹 혁신 속 특정 기술과 제품 그리고 보완자산의 관계를 설명하는 대표적 예로 슈퍼카와 도로 등 주변 환경을 들기도 하지요. 폭발적인 속도와 제로백$^{Zero-to-back,\ 0km에서\ 100km까지\ 가속하는\ 데\ 걸리는\ 시간}$ 그리고 안전성을 보장하는 값비싼 슈퍼카도 어떤 도로 환경에 있느냐에 따라 제 성능을 발휘할 수도, 고철 덩어리에 불과할 수도 있습니다. 만약 그 슈퍼카가 사하라사막에 있다면 고철보다 더 의미 없는 사물 덩어리에 지나지 않을 테지요. 고철이라면 팔기라도 하겠지만 슈퍼카는 필요한 고철이나 부품을 분리해 운반하는 데 노동력이 더 듭니다.

하지만 슈퍼카는 아우토반같이 잘 닦인 고속도로에서 다른 차들은 따라올 수 없는 속도와 안정성으로 누구나 갖고 싶어 하는 도로 위 제왕이 될 것입니다. 그뿐만 아니라 기름 걱정을 하지 않고 달리도록 연료를 제공하는 주유소 또는 요즘은 전기/수소 슈퍼카도 있으니 충전 설비가 완비된다면 슈퍼카는 무서울 게 없는 도로의 황제가 될 것입니다.

시스테믹 혁신 이야기를 현재에 적용하면, 지금과 같은 스마트폰 시대에는 사람들이 실제 사용하고 활용하는 슈퍼카가 스마트폰이 될 것입니다. 그리고 석유와 주유소, 충전소 등과 같이 일단 출발한 새로운 혁신이 멈추지 않고 계속 돌아가도록 하는 보완자산으로 세 가지를 들 수 있습니다. 첫째, 스마트폰에서 구동되는 앱, 둘째, 앱이 유통되는 앱스토어 또는 구글 플레이와 같은 앱 장터, 셋째, 이를 뒷받침하는 클라우드 등입니다. 그리고 아우토반처럼 슈퍼카가 가치를 발휘하며 출발하도록 하는 인프라적 보완자산은 단연코 이동통신망이 될 것입니다.

스마트폰 시대가 가능했던 것은 이동통신망 기술이 발전한 덕분이었습니다. 그 이유는 그전 세대였던 1G와 2G에서 불가능했던 멀티미디어 콘텐츠 데이터 송수신이 3G와 4G가 제공하는 데이터통신의 핵심이기 때문입니다. 그리고 스마트폰을 대체할 새로운 혁신은 이제 시작되는 5G 기술과 그 이후 기술이 새로운 인프라가 될 것입니다.

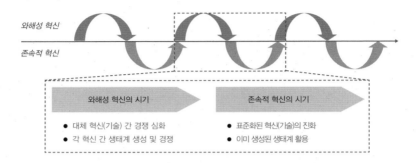

산업 내 혁신 순환 모델

와해성 혁신

존속적 혁신

와해성 혁신의 시기	존속적 혁신의 시기
● 대체 혁신(기술) 간 경쟁 심화 ● 각 혁신 간 생태계 생성 및 경쟁	● 표준화된 혁신(기술)의 진화 ● 이미 생성된 생태계 활용

● 10년마다 변하는 기술, 20년마다 바뀌는 세상 ●

시스테믹 혁신은 한번에 그치는 것이 아니어서 이를 구성하는 혁신
과 보완자산은 서로 유기적으로 연동해 세상을 변화시킵니다. 이는
혁신과 보완자산의 상호작용으로 인한 변화의 수준과 특징에 따라
세상을 완전히 변화시키는 와해성 혁신disruptive innovation과 혁신을 고
도화하거나 확산하는 존속적 혁신incremental innovation으로 구분할 수 있
습니다.

이러한 혁신은 한 번 진행되고 마는 게 아니라 사이클을 그리며
반복됩니다. 이 현상을 '산업 내 혁신 순환 모델'[1]이라고 일컫지요.
즉, 먼저 와해성 혁신의 시기가 되면 대체기술 간 시장 표준을 결정

---

1) Technological Discontinuities and Dominant Designs: A Cyclical Model of Technological
Change, Tushman Anderson and Michael L. Philip, 1990.

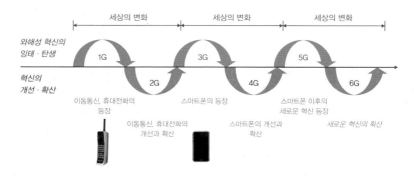

이동통신 세대별 진화 로드맵

하는 경쟁이 시작되고, 이것이 결정되면 존속적 혁신이 나타나 해당 기술 표준을 고도화하거나 확산합니다. 이어서 해당 기술로 더는 추가 발전이 어렵게 되어 존속적 혁신의 발전이 한계 상황에 이르면 다시 와해성 혁신이 나타나 새로운 세상을 만듭니다. 이런 상황이 지속해서 반복되기에 순환cycle 모델로 정의하며 이를 통해 세상을 들여다볼 수 있습니다.

산업 내 혁신 사이클 모델을 이동통신 기술의 세대 진화에 적용하면 두 가지 재미있는 결과를 얻게 됩니다.

첫째, 홀수 세대와 짝수 세대가 각기 다른 특징을 보입니다. 1G, 3G 같은 홀수 이동통신 기술 세대는 와해성 혁신을 잉태하고 출산하는 역할을 합니다. 이미 사람들이 익숙해진 무언가를 넘어선 새로운 것을 홀수 세대에서 준비하고 만듭니다. 그리고 2G, 4G 같은 짝수 이동통신 기술 세대는 그전 세대에서 정의된 와해성 혁신이 시장에 안착하고 고도화하도록 하는 존속적 혁신의 시대를 가능하게 합니다. 즉, 1G와 3G 시대에 휴대전화와 스마트폰이 잉태되어 출산되었으며, 2G와 4G 시대에 이들 제품과 관련 서비스들이 시장에 뿌리내리고 사람들 삶에 스며들었습니다.

둘째, 대체로 기술은 10년마다 바뀌지만 세상은 20년마다 한 번씩 변합니다. 이동통신 기술은 10년마다 세대를 달리하면서 한 번은 와해성 혁신, 그다음은 존속적 혁신으로 등장합니다. 하지만 세상 변화의 관점에서 보면 세상을 변화시키는 와해성 혁신이 홀수 세대에서 10년간 잉태되어 출산된 뒤 그것이 다음 10년간 고도화되어 확산됩니다. 그러기에 앞의 10년과 뒤의 10년은 같은 관점에서 세상의 변화를 가져와 20년마다 세상이 변한다고 할 수 있지요.

10년 기술 혁신 주기와 20년 세상 변화 주기가 실제로 이동통신 기술 세대 진화에 어떻게 적용되었는지 살펴볼까요? 1980년대에 이동하면서 전화가 가능한 1세대 이동통신 기술[1G] 휴대전화가 처음 소개되었습니다. 1984년에 세계 최초 상용 휴대전화로 출시된 '다이나택8000X'는 크기가 벽돌만 하고 무기로 사용할 수 있다고 해서 '벽돌폰'으로도 불렸습니다. 다이나택8000X는 지금의 가벼운 노트북 무게와 비슷한 800g이었고, 10시간 충전하면 30분 통화가 가능한 수준이라 직접 들고 다니기보다는 차량에 설치해 이용하는 과시형 제품이었습니다.

1989년에는 한 손에 쥘 수 있는 크기에 무게 350g의 마이크로택 9800X가 출시되어 사람들의 눈길을 끌었습니다. 하지만 1980년대는 우편집배원들이 직접 우편물을 전달하는 손편지 시대였고, 집전화도 보편적이지 않아서 편지와 집전화로도 충분히 소통할 수 있다고 생각했지요. 그래서 대다수는 휴대전화가 왜 필요한지 이해하기 어렵다는 반응을 보였습니다.

1990년대에 접어들면서 신문물을 적극적으로 받아들이는 일부의 전유물이었던 휴대전화가 일반인의 생활에 스며듭니다. 2세대 이동통신 기술2G이 이 시기에 도입되었으며, 디지털 기반 기술이라 더 많은 휴대전화 이용자가 동시에 접속해 통화하게 되었습니다. 휴대전화 제조 관점에서도 디지털화 부품은 1G 아날로그 부품보다 대량 생산할 수 있었지요. 이처럼 2G 시대는 이용자가 늘어 통신비도 줄일 수 있었고, 대량 생산으로 전화기 가격도 낮출 수 있어 더 많은 사람이 휴대전화를 이용하며 효익을 누렸습니다.

3세대 이동통신 기술3G이 도입된 2000년대 초기가 되자 사람들은 이미 음성통화가 가능한 휴대전화의 매력에 빠져 이를 일상생활에 아주 잘 활용했지요. 하지만 데이터통신이 가능해진 3G를 소개하고 확대해야 하는 이동통신사들은 기존의 음성통화 외에 3G의 효과를 극대화해 사람들의 관심을 끌어야 했습니다. 그래서 기존의 사진, 음악보다 데이터 소모량이 훨씬 큰 영상 서비스를 핵심 서비스로 소개하며 소비자들에게 다가갔습니다. 하지만 소비자들은 이미 화면이 큰 텔레비전에 너무 익숙해져서 휴대전화로 왜 텔레비전 프로그램 또는 영상을 보아야 하는지 이해할 수 없었던 듯합니다.

그 이유를 살펴보면 첫째, 당시 텔레비전을 틀면 바로 드라마, 예능, 영화가 깨끗한 화질로 나오는데 휴대전화 화면은 작아 잘 보이지도 않고 화질도 좋지 않았습니다. 둘째, 작은 화면으로 보는 영상 콘텐츠는 스트리밍이 거의 불가능할 뿐만 아니라 내려받는 데 시간과 비용이 너무 많이 소모되는 등 익숙하지 않았고 효익도 없었습니다. 아직 불완전한 멀티미디어 제공 환경에서 이동통신사, 휴대전화 제조사들은 3G에 맞은 핵심 서비스를 찾으려고 많은 투자와 함께 노력을 기울였습니다.

하지만 이들이 기존의 패러다임이자 자신들의 강점인 통신 중심으로 해결 방안을 찾았기 때문인지 쉽게 그 방법을 알아내지 못했지요. 즉, 하드웨어 단말의 사양 등 성능과 통신망의 속도 안에서 답을 찾으려다 보니 그 결과물 또한 제한적일 수밖에 없었습니다. 그러다가 결국 데이터통신 효과를 극대화하는 방안이 앱과 인터넷 서비스라고 판단한 소프트웨어 강자 애플이 이를 마음껏 즐길 수 있는 스마트폰인 아이폰을 출시하면서 기존의 휴대전화 시장이 무너졌습니다.

2010년대 확산된 4세대 이동통신 기술4G은 사람들이 스마트폰을 사용하면서 불편을 느낀 속도와 대용량 데이터통신에 대한 갈증을 해소하며 스마트폰을 더 많이 확산하는 데 기여했습니다. 스마트폰 시장이 커지면 커질수록 제조 단가는 떨어졌고, 이러한 이익은 스마트폰 제조사들이 더 고도화한 제품을 출시하는 투자로 연결되며 선순환 구조를 이끌었습니다. 그래서 통신사업자들은 소비자들에게 4G를 사용해야 한다고 설득할 필요가 없었고, 특히 이동통신사업자들도 망 투자 대비 효익에 대한 불안감 없이 투자할 수 있었지요.

이러한 상황에서 애플은 3G의 와해성 혁신과 4G의 존속적 혁신 환경을 잘 활용했습니다. 애플은 이전에는 와해성 혁신에만 강한 기업으로 알려져 있었습니다. 1970년대에 개인용 컴퓨터 시장을 개척

했지만 당시 애플은 폐쇄적 하드웨어 생태계 운영방식을 고수하는 바람에 윈텔WIN-TEL이라는 윈도우OS와 인텔칩에 기반을 둔 개방형 하드웨어 생태계를 넘어서지 못하고 틈새 제조사로 전락했습니다. 그리고 애플이 스마트폰 시대에도 폐쇄형 스마트폰 생태계를 고집하자 사람들은 애플이 초기에는 성장하겠지만 곧 다시 틈새 스마트폰 제조사로 전락할 거라고 내다보았습니다.

하지만 이들의 생각은 모두 틀렸지요. 스마트폰 시장이 빠르게 성장하자 하드웨어와 소프트웨어 모두에서 강점이 있던 애플은 성능과 품질 관점에서 우위를 점했고, 하드웨어는 폐쇄적이되 소프트웨어 생태계는 개방적으로 운영하며 초기에 시장 표준을 선점했습니다. 그리고 애플은 하드웨어가 제한적 자원을 이용한다는 점에 착안해 앞선 기술 노하우를 바탕으로 부품을 독점적으로 수급하고 전문 제조사 활용함으로써 하드웨어 제품의 혁신과 규모의 경제를 동시에 잡았습니다. 또 소프트웨어 개발자를 빠르게 지원해 더 크고 안정적인 소프트웨어 생태계를 구축함으로써 이제는 명실상부하게 물량과 규모 측면에서 스마트폰 시장 선도자로 자리 잡았습니다.

5세대 이동통신5G은 원래 공식 명칭이 IMT-2020으로 2020년대를 위한 이동통신 기술입니다. 우리나라가 2019년 세계 최초로 상용화했고, 이동통신 선진국들이 빠르게 5G 도입·확대를 서두르고 있지요. 물론 코로나19로 그 확산세가 조금 늦추어질 수는 있지만 그래도 새로운 시대 변화에 뒤처지지 않기 위해 많은 국가가 5G 도입과 확산을 서두를 것으로 보입니다.

1G와 3G 시대에 나타난 양상을 본다면 사람들은 이미 스마트폰

에 너무 익숙해져 새로운 혁신 가능성을 품은 5G의 매력을 초기에
는 바로 느끼지 못할 것입니다. 이동통신 관련 산업 관계 기업들은
3G에서처럼 왜 5G가 필요한지 소비자를 설득해야 하고 또 내부적
으로는 관련 투자에 대한 효익도 증명해야 합니다.

　그뿐만 아니라 시장과 산업에서는 기존 역량과 패러다임 관점에
서 새로운 핵심 서비스를 찾기 위해 많은 투자와 노력을 기울일 테
지요. 그 도전과 불확실성의 시간이 어느 정도 지나면 새로운 와해
성 혁신이 등장할 테고, 그다음 10년, 즉 2030년에서 2040년까지
6G의 등장과 함께 그 혁신이 고도화되고 확대될 것입니다.

● 2025년까지 준비 상황이 향후 20년의 혁신 결정 ●

적어도 2025년까지는 5G 인프라를 제대로 구축해야 하므로 이때
를 20년 새로운 혁신의 잠행시기라고 볼 수 있습니다. 그 시기는 회
광반조回光返照, 빛을 돌이켜 거꾸로 비춘다는 뜻처럼 기존의 스마트폰이 가장 빛
을 발하고 각광받는 시기라 오히려 미래 준비를 소홀히 할 수 있습
니다. 그 예로 스마트폰 이전 시대의 통신장비 사업과 휴대전화의
강한 시너지를 기반으로 한 디지털 2G 기술로 선두에 섰던 모토로
라를 꺾고 명실상부 피처폰 시대의 절대 강자가 되었던 노키아를 들
수 있습니다.

　다음은 3G, 즉 IMT-2000 시기였던 2000년대 중 2001년부터
2008년까지 노키아의 실적입니다. 3G망, 3G 휴대전화와 서비스

를 확대해야 하는 시기인 2001년에서 2003년까지는 원래 하던 방식으로 휴대전화 사업을 진행합니다. 2004년 들어 3G망, 휴대전화 서비스가 어느 정도 준비되었다고 판단해 휴대전화를 넘어서는 사업을 준비하고 정비하느라 매출이 조금 떨어지기도 합니다. 노키아의 2004년 사업보고서를 보면 2003년까지는 휴대전화 사업으로만 명시했으나, 2004년부터 휴대전화mobile phone, 멀티미디어 휴대전화multimedia, 기업용 휴대전화enterprise solution로 분리해 명시했다는 점이 새로운 변화를 인식했다는 근거이지요.

그리고 노키아는 2005년부터 2007년까지 성장하다 영원히 내리막길을 걷게 됩니다. 2005년부터 2007년까지 노키아의 모습이 새로운 사업의 중요성을 인식하면서도 기존 인프라 기반 사업을 놓칠 수 없어 중간에 끼인 상황에서 단기는 물론 중장기 전략에 대한 의사결

2001~2008년 노키아 휴대전화 사업부 실적

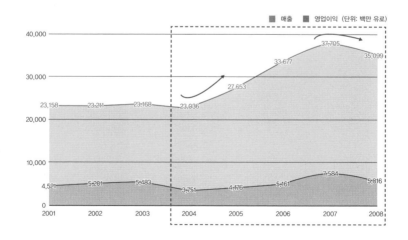

정과 전략 집행이 얼마나 어려운 상황인지를 보여줍니다. 아직 대중시장으로 청사진이 보이지 않는 미래에 대해 틈새시장 규모와 성장세에 맞추어 대응하거나, 그게 어려운 구조와 규모라면 스스로 변화를 관리하며 자기만의 방식과 호흡으로 준비해나가는 등 다양한 접근이 있을 것입니다.

5G와 함께 새로운 20년 혁신은 이미 시작되었습니다. 새로운 세상으로 가는 변화가 시작되었다니 가슴이 떨려오지만 이것이 2025년까지는 새로운 혁신의 잠행, 스마트폰의 회광반조로 가라앉을 수도 있습니다. 그에 굴복한다면 새로운 혁신 기회를 놓치게 될 테지요. 그 과정에서 믿음을 갖고 준비할 수 있도록 현재 진행 중인 인프라는 물론 사람들의 변화를 살펴보겠습니다.

2장

새로운 혁신의 특징을 품은 5G와 6G

5G는 4G를 넘어 새로운 모바일 통신 환경을 제공하기 위해 정의된 이동통신 기술 표준입니다. 3G와 4G는 스마트폰을 위한 이동통신 기술이었지요. 즉, 스마트폰 화면에서 구동될 수 있는 대용량 2차원 멀티미디어 콘텐츠용 데이터통신을 위한 기술과 망이었습니다. 하지만 5G는 2차원을 넘어선 3차원 360도 콘텐츠 · 사물 인터넷을 가

이동통신 기술의 세대별 특징

	1G~2G	3G~4G	5G~6G
전개 시점	1980년대~1990년대	2000년대~2010년대	2020년대~2020년대
핵심 기능	이동전화	2차원 멀티미디어 콘텐츠	3차원 360도 콘텐츠 & 사물 인터넷
보완 기능	문자 메시지	테더링	인프라의 변화
기기	이동전화기	스마트폰	XR 기기 및 사물

능하게 해줄 것입니다. 그리고 6G는 앞서 살펴본 것처럼 5G의 특징을 더 확산하고 보편화하는 관점에서 전개될 것으로 보입니다.

● 더 빠르게, 더 많이, 더 안정적이고 실시간 소통이 가능한 5G 세상 ●

5G는 세 가지 특징만 알면 거의 다 안다고 할 수 있습니다. 그리고 이 특징은 6G까지 연결되므로 한번 잘 이해하면 새롭게 시작되는 20년 혁신을 이해하는 데 도움이 됩니다. 3G와 4G에서 이동통신 기술은 '더 빠르게'가 목표였습니다. 5G는 여기에 두 가지를 더해 '더 빠르게eMBB' '더 많이mMTC' '더 안정적이고 실시간으로URLLC'를 지향합니다.

첫째, '더 빠르게'는 eMBBenhanced Mobile BroadBand라는 용어를 공식적으로 사용하며, 우리 정부에서는 '초고속'이라고 합니다. 이해하기 편하게 '오지5G게 빨라진다'고 할 수 있지요. 5G는 이론적으로는 4G에 비해 최대 20배 정도 더 빨라진 20Gbps까지 구현 가능하고, 일상적으로는 100Mbps를 보장하는 것을 목표로 합니다. 그래서 5G는 증강현실Augmented Reality, AR과 가상현실Virtual Reality, VR 서비스 등을 포함한 확장현실eXtended Reality, XR에서 발목을 잡았던 부분 중 하나인 대용량 · 데이터 전송 속도에 대한 제약이 풀리는 결정적 계기가 될 것입니다.

그리고 고속 · 대용량 데이터 전송이 가능해지면 4K2,160p를 넘어 8K4,320p 콘텐츠 송수신이 모바일로도 가능해지는데, 오디오와 비디오 기술 선도 국가라는 명맥을 잇고 싶은 일본은 2020 도쿄올림픽에서 8K 모바일 방송을 세계 최초로 진행하려 했습니다. 하지만 도쿄올림픽이 코로나19 창궐로 연기되면서 이는 목표로만 남게 되었습니다.

둘째, '더 많이'는 mMTC$^{\text{massive Machine Type Communication}}$라는 용어를 공식적으로 사용하며 우리 정부에서는 '초연결'로 지칭합니다. 편하게 '오지5G게 촘촘히 그리고 많이 연결된다'고 하면 됩니다. 5G 환경에서는 100만 개/km² 기기까지 접속 가능한 것을 요구합니다. 이는 4G보다 최대 500배 정도 더 많은 기기가 연결되는 환경이 만들어진다는 의미이지요. 재미있는 것은 4G는 2,000명/km² 수용, 5G는 100만 개/km² 수용으로 그 대상이 사람에서 기기로 전환되었다는 점입니다. 5G에서는 센서를 이곳저곳 더 촘촘하게 많이 설치해 주변 환경에 대한 다양한 정보를 수집하고 또 더 많은 드론 · 로봇이 제어되고 작동되는 등 데이터 생성, 전송, 활용의 중심이 사람에서 사물로 넘어가는 환경이 될 것입니다.

셋째, '더 안정적이고 실시간으로'는 URLLC$^{\text{Ultra-Reliable Low-Latency Communication}}$라는 용어를 공식적으로 사용하며 우리 정부에서는 '초저지연성'으로 지칭합니다. 편하게 '오지5G게 안정적으로 더 실시간으로 연결된다'고 생각하면 됩니다. 4G까지는 음성통화 서비스 품질$^{\text{Quality of Service, 이하 QoS}}$만 보장했고 데이터통신의 QoS는 보장하지 않았습니다. 하지만 5G에서는 데이터통신도 기술적으로 품질을 보장 · 보증할 수 있게 되었습니다. 또 초저지연성 관점에서 5G는 최대 1ms까지의 저지연성 보장을 목표로 인프라 투자와 개발이 진행되고 있습니다.

사람의 머리에서 손과 발로 신경이 전달되는 데 걸리는 시간이 10ms라고 알려져 있는데 이보다 더 지연 없이 즉시 전달되는 5G의 1ms는 사실 엄청난 저지연성으로 볼 수 있습니다. 다만, 서비스는 일반적으로 클라우드-망-기기로 연계되어 제공되는데, 망이 1ms까지 되더라도 클라우드 자체가 100ms 지연성, 기기가 100ms 지연성을 가지면 통합적 관점에서 서비스는 201ms가 됩니다.

만약 망이 4G에서 60ms라면 201ms나 261ms나 사람들이 인지하는 수준에서는 사실 큰 차이는 안 날 듯합니다. 그래서 초지연성이 적용된 서비스가 되려면 클라우드, 망, 기기 모두 초저지연성을 갖추어야 하고요. 또 전반적 관점에서 URLLC가 안정적으로 제공되면, 데이터통신과 초저지연성에 대한 QoS가 적용 여부에 가장 중요한 공장 자동화, 원격 수술, 자율주행차 등에서 통신망의 제한 그리고 제약 조건이 하나씩 사라질 것입니다.

● XIA 확장현실, 사물 인터넷, 인공지능 혁신 ●

5G의 '더 빠르게' '더 많이' '더 안정적이고 실시간으로'라는 특징은 스마트폰을 넘어 새로운 콘텐츠와 기기 사용 환경을 제공할 것입니다. 그래서 5G가 스마트폰을 잇는 또는 그 이후 새로운 20년 혁신의 특징을 담고 있다고 말합니다.

그 특징으로 첫째, 4G보다 최대 20배 더 빠른 5G의 데이터 속도

5G(IMT-2020)의 특징 정의

	1G	2G	3G	4G	5G	
ITU 명칭			IMT-2000	IMT-Advanced	IMT-2020	
전개시점	1980년대	1990년대	2000년대	2010년대	2020년대	
Peak Data Rate	2kbit/s	384kbit/s	56Mbit/s	1Gbit/s	20Gbit/s	더 빠르게 (eMBB)
Whenever Data Rate				10Mbit/s	100Mbit/s	
밀집도 (per km²)	N/A	N/A	N/A	2KUsers	1M Devices	더 많이 (mMTC)
응답속도	N/A	629ms	212ms	60~98ms	〈 1ms	더 안정적으로 (URLLC)

는 기존 스마트폰 화면에 담았던 2차원 콘텐츠를 넘어 확장현실 속 3차원 360도 콘텐츠 사용 환경의 구현을 가능하게 해줍니다. 그뿐만 아니라 지금보다 더 고화질인 8K 콘텐츠도 모바일로 구현되는 등 더 실감 나는 콘텐츠 사용 환경이 가능해질 것입니다.

둘째, 5G의 더 많은 사물 접속 환경은 별도의 사물 인터넷망과 생태계 마련 없이 일반적이고 보편적인 사물 인터넷 구현을 가능하게 해줄 것입니다.

셋째, 5G의 더 안정적이고 실시간으로 연결해주는 특징은 향후 디지털 가상 세상이라는 콘텐츠 속에서 활동하는 사람들의 삶을 더 현실감 있게 해주고, 극도의 안정성을 요구하는 원격 수술 · 스마트 공장 등을 가능하게 해줄 것입니다. 또 더 실감 나는 콘텐츠 데이터 와 이에 부가적인 정보를 포함한 데이터 그리고 다양한 사물에서 수집되는 데이터 등이 더 많아지고 인공지능이 이와 함께 발전하면서

5G 기술과 이에 따른 새로운 변화

5G 기술의 특성과 시사점			5G로 인한 새로운 변화
최대 속도: 20Gbps	더 빠르게 (eMBB)	3차원 360도 콘텐츠 구현	① 초실감형 콘텐츠 사용 환경 XR
접속 가는 기기: ~1million/km²	더 많이 (mMTC: Massive IoT)	별도의 망 구축 없이 사물 인터넷 구현	② 사물 인터넷 사용 환경 IoT
지연성: ~1ms	더 안정적이고 실시간으로 (URLLC: Mission-Critical IoT)	실시간 콘텐츠 및 사물 인터넷 환경	③ 데이터 기반의 새로운 혁신 AI
	더 빠르게 더 많이 데이터들을 수집·축적 활용		

데이터 기반의 새로운 혁신들도 더 확대될 것으로 기대합니다.

이들 네 가지 특징을 포괄한 5G가 가져올 새로운 세상의 테마를 확장현실XR의 X, 사물 인터넷IoT의 I, 인공지능AI의 A를 모아 'XIA'로 정리할 수 있습니다.

● 논의 중인 6G 기술: 5G의 고도화 ●

아직 6G 기술이 확정된 것은 아니지만 많은 연구에서 이미 공통적인 기술 요구사항이 정리되고 있습니다. 6G가 지향하는 바는 5G의 '더 빠르게' '더 많이' '더 안정적이고 실시간으로'를 한층 고도화하는 측면이 강한 듯합니다. 첫째, '더 빠르게'라는 측면에서 데이터 전송 속도는 5G의 최대 50배에 달하는 1Tbps로 정의됩니다. 둘째, '더 많이'라는 측면에서 접속 가능한 기기수가 6G에서는 2차원이 아닌

3차원으로 1㎥당 100개 기기가 접속 가능하며 이는 5G보다 10배 더 많이 연결되는 환경입니다. 마지막으로 '더 안정적이고 실시간으로' 측면에서 5G보다 10배 더 지연이 없는 0.1ms로 지연성이 논의되고 있습니다.

물론 6G 구현은 1THz라는 지금과는 전혀 다른 주파수 대역에서 데이터통신을 가능하게 해야 하는 과제가 있습니다. 하지만 6G 역시 5G의 세 가지 특징을 그대로 이어받기에 이 세 가지 특징을 기반으로 만들어지는 새로운 혁신은 그대로 지속됩니다. 따라서 6G까지 5G부터 시작되는 새로운 20년 혁신이 지속될 것으로 예상합니다.

3장

스마트폰 이후 혁신을 위한 인프라, 클라우드와 웹

2000년대 중후반부터 2010년대 초까지 스마트폰 초기시장에서 스마트폰 OS가 스마트폰 제품 또는 생태계 경쟁력의 핵심이라 일컬어지며 주목받았습니다. 당시 스마트폰 OS에 따라 제품의 컴퓨팅 성능이 천차만별이었고, 활용할 수 있는 콘텐츠와 서비스도 달랐기 때문이지요. 스마트폰 생태계의 핵심인 앱의 유통망이 스마트폰 OS와 연계되어 스마트폰 OS가 스마트폰 생태계와 동일한 의미로 사용되기도 했습니다.

하지만 애플과 구글을 중심으로 스마트폰 OS 시장 표준이 결정되고, 앱 유통망도 애플의 앱스토어, 구글의 구글 플레이로 시장 표준이 정해진 이후 스마트폰 OS에 대한 관심이 예전 같지 않습니다. 이제 시장 표준이 결정되었고, 콘텐츠와 서비스 사업자 대부분이 애플의 iOS와 구글의 안드로이드 OS를 동시에 지원하기 때문이기도 합니다. 동시에 두 가지 OS를 지원하는 것은 클라우드의 발전과 확대 덕분이고요. 과거 콘텐츠와 서비스 사업자들은 앱이 자원을 활용하는 스마트폰 OS에 더 신경 써서 개발했지만, 이제 주요 컴퓨팅과 처리를 대부분 담당하는 클라우드에 더 집중합니다.

사실 스마트폰 시장의 문을 연 아이폰도 처음에는 앱스토어를 생각하지 않고, PC의 웹사이트를 그대로 활용하려고 했습니다. 그래서 첫 아이폰은 지금처럼 앱을 내려받아 설치하기보다는 바탕화면에 웹사이트로 가는 '바로가기' 링크와 아이콘을 생성하는 역할만 하려고 했지요. 하지만 당시 통신 환경이 좋지 않았고 PC에 최적화된 웹사이트는 화면이 작고 하드웨어 성능이 낮은 스마트폰에 적합하지도 않아, 애플은 앱을 스마트폰에 설치하는 방식으로 전환했습니다.

이제 스마트폰의 성능도 PC 수준 또는 그 이상 좋아져 스마트폰에서 사용하는 앱이라도 그 성능과 기능이 스마트폰 밖에서 결정되는 것이 많아졌지요. 즉, 네트워크 상황 그리고 클라우드의 서비스 품질과 제공 기능에 따라 스마트폰에서 사용하는 콘텐츠와 서비스의 성능과 품질이 결정되고 있습니다.

● OS 타령은 이제 그만! ●

클라우드는 모든 데이터가 저장 · 분산 · 분석 · 활용 · 서비스되는 곳입니다. 웹은 월드 와이드 웹World Wide Web의 줄임말로, 인터넷에 연결된 컴퓨터를 통해 정보를 공유하는 전 세계적인 온라인 정보 공간입니다. 이 둘을 연결해보면 웹은 컴퓨터가 연결된 공간이고, 그 속에서 돌아다니는 데이터가 저장되었다가 분산·분석·활용되어 콘텐츠와 서비스로 거듭나는 공간이 클라우드라고 볼 수 있지요. 앞서 언급했듯이 앞으로 5G와 사물 인터넷이 확산되어 더 많은 데이터가 생성되면 웹과 클라우드가 콘텐츠와 서비스의 인프라 역할을 하면서 더 중요해질 거라고 기대됩니다.

앱응용 소프트웨어의 구동 기반이 OS에서 클라우드로

스마트폰 초기 시장에서 OS는 스마트폰 하드웨어 성능을 결정하는 동시에 앱, 즉 응용 소프트웨어의 성능과 기능 그리고 구동과 작동 여부를 결정하면서 시장 패권의 결정적 요소가 되었습니다. 조금 더 구체적으로 살펴보면, 첫째 OS는 기기의 연산을 책임지는 머리 역할을 하는 애플리케이션 프로세서, 통신을 담당하는 베이스밴드 칩셋 그리고 기억을 담당하는 메모리를 포함한 하드웨어를 소프트웨어적으로 제어·관리하는 역할을 합니다. 따라서 하드웨어 성능이 아무리 좋아도 OS가 감당하지 못하면 하드웨어가 제 기능을 발휘하지 못합니다.

둘째, 콘텐츠와 서비스를 구현하는 앱은 OS의 자원을 활용하므로 성능과 기능, 품질이 OS에 종속적일 수밖에 없습니다. 그 이유는 5단계로 나눌 수 있는 스마트폰 OS 구성 요소를 보면 알 수 있지요. ① 커널과 하드웨어 드라이버들로, 커널은 메모리·파일과 프로세스를 관리하는 역할을 하고 하드웨어 드라이브는 하드웨어 부품을 관리·통제하는 역할을 합니다. ② 미들웨어는 라이브러리 등 앱을 구동하는 데 필요한 다양한 소스코드, 즉 소프트웨어를 구성하는 다양한 소프트웨어 부품을 모아놓은 곳입니다. ③ 앱 구동 환경은 앱을 구동하는 데 필요한 프로그램의 모음입니다. ④ UI$^{user interface}$ 프레임워크는 기기 바탕화면 또는 앱들의 화면 구성에 필요한 아이콘을 모아둔 곳입니다. 그곳에서는 기기 화면, 콘텐츠와 서비스가 일관되고 직관적으로 보이게 하고, 또 누가 보아도 그 기능을 알 수 있도록 아이콘 이미지를 안내합니다. ⑤ 앱은 우리가 일상적으로 사용하는 응용 소프트웨어로, 스마트폰은 전화, 메신저, 달력 등 기본 앱뿐만 아니라 게임처럼 우리가 스마트폰에서 사용하는 다양한 콘텐츠와 서비스 구현 모음집입니다. 앱은 OS의 다양한 구성 요소를 활용해 구현되므로 OS에 종속될 수밖에 없습니다.

하지만 이제 클라우드가 컴퓨팅 성능 자체를 제공함으로써 OS 기능을 대신하는 방향으로 발전하고 있습니다. 물론 클라우드가 스마트폰 OS처럼 직접 하드웨어의 성능과 기능을 결정하거나 통제하지는 못하지만, 콘텐츠와 서비스의 기능과 성능 그리고 품질을 결정짓는 방향으로 발전하고 있지요. 클라우드의 역할은 인프라로써 콘텐츠와 서비스 사업자에게 제공하는 기능으로 구분할 수 있습니다. 클라우드는 기능 관점에서 인프라인 IaaS$^{Infrastructure as a Service}$, 플랫폼인 PaaS$^{Platform as a Service}$, 앱인 SaaS$^{Software as a Service}$ 세 가지로 구분할 수 있습니다.

IaaS는 서버, 스토리지, 네트워크 등 컴퓨팅 인프라를 필요한 만큼 서비스로 사용하는 것입니다. 이는 스마트폰의 애플리케이션 프로세서와 메모리 등 컴퓨팅 성능을 담당하는 하드웨어 역할을 제공한다고 할 수 있습니다.

PaaS는 개발 프레임워크, 미들웨어, 운영체제 등으로 스마트폰 내 소스코드를 모아둔 미들웨어, 앱을 구동하는 데 필요한 프로그램 모음인 앱 구동 환경, 화면 구성에 필요한 아이콘 모음인 UI 프레임워크 역할 등을 제공한다고 볼 수 있습니다. 이들 요소 소프트웨어를 통해 클라우드 기반의 서비스를 쉽게 구성할 수도 있고요. 예를 들면, 클라우드 서비스 기업인 아마존은 아마존 서머리안Amazon Sumerian 과 같은 확장현실 앱을 개발하고 실행할 수 있는 플랫폼, 아마존 웹

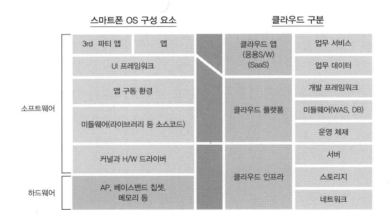

스마트폰 OS와 클라우드 연결고리[2)]

스마트폰 OS 구성 요소		클라우드 구분	
3rd 파티 앱	앱	클라우드 앱 (응용S/W) (SaaS)	업무 서비스
UI 프레임워크			업무 데이터
앱 구동 환경		클라우드 플랫폼	개발 프레임워크
미들웨어(라이브러리 등 소스코드)			미들웨어(WAS, DB)
			운영 체제
커널과 H/W 드라이버		클라우드 인프라	서버
AP, 베이스밴드 칩셋, 메모리 등			스토리지
			네트워크

소프트웨어 / 하드웨어

2) IoT 시대, 모바일 시대와 달라지는 3가지(신동형, 2104). 개방형 클라우드 플랫폼 PaaS-TA 구축과 생태계 확산 전략(크로센트, 2016).

서비스Amazon Web Services, AWS 로보메이커RoboMaker와 같은 로보틱스 앱 개발, 테스트 플랫폼 등을 제공합니다.

SaaS는 업무 데이터와 서비스 등 다양한 응용 소프트웨어 서비스를 완결형으로 제공합니다. 실제 사용되는 콘텐츠와 서비스를 관리·통제하는 스마트폰 OS의 역할이 클라우드 서비스로 대체될 수 있음을 SaaS가 보여줍니다.

지금까지 클라우드가 OS의 기능을 충분히 대체할 수 있음을 알아보았습니다. 하지만 콘텐츠와 서비스를 클라우드 방식으로 제공하는 방향으로 바뀌는 것은 따로 있습니다. 클라우드 기반 SaaS 형태인 웹 서비스가 특히 그렇습니다. 클라우드에서 보내는 콘텐츠와 서비스를 다운로드 없이 웹 브라우저로 구현하는 방식입니다. 이 방식은 일괄로 배포되어 콘텐츠와 서비스 이용 관점에서는 가장 최신의 소프트웨어를 동일한 내용으로 활용할 수 있습니다.

스마트폰 OS와 그 위에 설치해야 하는 앱은 서비스의 버그 픽스 또는 새로운 기능이 배포되더라도 기기 소유자들이 업데이트를 귀찮아하거나 거부하면 그 즉시 업데이트가 진행되기 어렵습니다. 하지만 SaaS 형태의 웹 기반 서비스는 업데이트와 상관없이 클라우드 기반 서비스 개발사에서 업데이트가 가능하므로 항상 최적의 성능과 관리를 기반으로 운영될 확률이 높습니다.

콘텐츠와 서비스의 성능과 품질을 결정하는 클라우드

2018년 11월 22일 8시 20분부터 9시 50분까지 한국 내 다양한 온라인 서비스가 중단되었습니다. 온라인 쇼핑몰인 쿠팡, 음식배달 앱인 배달의민족, 저가 항공사인 이스타항공 등에서 홈페이지와 모바일 앱 접속에 장애가 생긴 것이지요. 그리고 업비트와 코인원 같은 암호화폐 거래소, KB금융의 클레이온, 카카오스탁 같은 금융 서비스와 나이키, 야놀자, 블라인드 등 다양한 서비스도 중단되었습니다. 배달의민족은 "결제나 배송 오류 같은 고객 불만이 100건 가까이 접수되어 일단 우리 쪽에서 100% 환불 처리했다"[3]라고 밝히기도 했습니다. 이는 아마존 클라우드 서비스의 내부 설정 오류가 원인이 되어 장애가 발생했습니다. 이처럼 클라우드는 우리가 일상에서 사용하는 다양한 서비스의 품질을 결정하기 때문에 서비스 제공사들의 매출에 직접 영향을 미치는 중요한 역할을 합니다.

품질뿐만 아니라 클라우드가 콘텐츠와 서비스 성능에 결정적 영향을 미치기도 합니다. 클라우드를 구성하는 서버가 위치한 데이터 센터가 이용자와 가까우면 가까울수록 네트워크 지연을 최소화해서 즉시성과 안정성을 높일 수 있습니다. 이처럼 이용자 근처에 서버를 두는 것을 엣지 컴퓨팅 또는 MEC라고 합니다. 향후 5G 확산과 함께 안정성과 초저지연성을 기반한 콘텐츠와 서비스가 더 증가할 것인데요, 따라서 클라우드를 구성하는 서버가 위치한 데이터 센터가 얼마만큼 많이 고객단 가까이에 있는지가 서비스의 품질과 성능을 결정하는 중요한 요소가 될 것으로 보입니다.

---

3) 세계 1위 아마존 클라우드 먹통에 국내 유통·게임 올스톱(이상재·염지현, 2018).

클라우드 확산과 함께 가상화도 확산

클라우드와 함께 가상화 기술과 환경도 확산됩니다. 클라우드와 가상화는 그 출발부터 함께해온 떼려야 뗄 수 없는 관계입니다. 사실 클라우드 컴퓨팅은 서비스 사업자들의 남아도는 컴퓨팅 자원을 재활용할 목적으로 처음 등장했지요. 보유하고 있는 하드웨어 장비들을 가상화 기술을 통해 자원 활용성을 높이고자 여러 개 장비로 묶어 사용자에게 공유 자원으로 제공하면서 시작했다고 합니다.

가상화virtualization 기술은 컴퓨팅 성능을 내는 물리적 기반을 논리적으로 분리 · 통합 · 관리하는 등 추상화하는 기술입니다. 가상화 기술로 여러 장비를 하나로 묶을 수도 있고 반대로 장비 하나를 마치 여러 개인 것처럼 작동하는 것도 가능합니다.[4] 그래서 클라우드 컴퓨팅은 기존의 하드웨어와 이를 연결하는 네트워크로 구성된 환경에 가상화로 통합한 계산 · 저장 · 처리가 가능한 환경이라고 정의할 수 있습니다.

이러한 가상화가 컴퓨팅 성능을 지원하는 부품, 서버, 스마트 기기, 앱에도 적용됩니다. 콘텐츠와 서비스를 개발 · 구동 · 운영하는 상황에 따라 CPUCentral Processing Unit, 기억, 해석, 연산, 제어 4대 기능을 종합 처리하는 머리에 해당하는 하드웨어, GPUGraphic Processing Unit, 영상처리와 고도의 병행구조로 가속화 연산에 유리한 하드웨어, 메모리프로그램을 단기간 저장해 구동하다가 지우는 하드웨어, 저장 공간프로그램과 데이터를 저장하는 공간, 네트워크 등 필요 자원이 달라질 수 있

---

4) 클라우드 가상화 기술의 변화-컨테이너 기반의 클라우드 가상화와 DevOps(안성원, 2018).

습니다. 따라서 가상화로 필요한 만큼 자원을 늘리거나 줄여 사용할
수 있지요.

가상화는 대상에 따라 네트워크 가상화, 서버 가상화, 기기 가상
화로 구분할 수 있습니다. 첫째, 5G의 네트워크 슬라이싱도 네트워
크를 eMBB, mMTC, URLLC 기능과 성능에 맞게 가상화하는 기술
입니다. 둘째, 서버 가상화는 물리적 서버 환경을 여러 운영체제를
설치해 여러 개 서버처럼 운용하는 기술로 클라우드 컴퓨팅에서 활
용되는 기술입니다. 셋째, 스마트 기기도 가상화할 수 있는데, 가상
화 데스크톱 인터페이스Virtual Desktop Interface, 이하 VDI 또는 이를 직접 구
축하기보다는 퍼블릭 클라우드에서 필요한 만큼만 사용하는 서비
스형 데스크톱Desktop as a Service, DaaS 등이 그 예입니다.

스마트 기기 가상화가 구현되는 방식은 OS와 애플리케이션 등 모
든 컴퓨팅 자원과 처리는 기기 밖 클라우드에서 진행하고, 사용자가
대면한 기기는 키보드와 마우스로 입력할 데이터와 디스플레이로
출력할 데이터를 서버와 주고받는 역할만 하면 됩니다. 그래서 VDI
나 DaaS는 클라우드 자원을 환경에 따라 업그레이드하면 될 뿐 사
용자단 기기의 하드웨어적 스펙은 그리 중요하지 않습니다. 사실 클
라우드 게이밍은 어찌 보면 데스크톱 대신 게임 콘솔을 가상화한 것
이므로, 서비스형 게임콘솔Gameconsole as a Service이라고 할 수도 있습니
다. 그리고 클라우드 기술과 가상화 기술이 발전하면서 더 다양한
스마트 기기가 가상화되면서, 클라우드의 스마트화와 함께 사용 기
기의 바보화 또는 단순화가 기술 환경 변화에 맞게 균형을 잡아갈
것입니다.

● 글로벌 클라우드 경쟁 심화 ●

앞서 살펴본 것처럼 클라우드가 콘텐츠와 서비스의 기능, 성능, 품질을 결정하고 또 향후 다양한 기기의 컴퓨팅 역할을 대신하는 등 현재 그리고 잠재적 클라우드 시장 기회는 더욱더 커질 것으로 보입니다. 이에 대형 클라우드 사업자들을 중심으로 현재는 물론 미래 시장의 주도권을 확보하려는 경쟁이 심화되고 있습니다.

모든 역량을 클라우드에 결집하는 마이크로소프트

클라우드 인프라 시장에서 전통의 강자는 아마존이지만 최근 마이크로소프트[MS]가 클라우드 시장에서 빠르게 성장하고 있습니다. 글

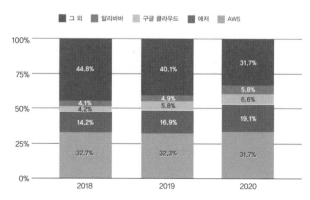

글로벌 클라우드 경쟁 현황[5]

---

5) Cloud infrastructure services spend up 37% in Q4 2019 to top US$107 billion for the full year(Canalys, 2020). Global cloud services market surges by US$10 billion in Q4 2020(Canalys, 2021).

로벌 톱 클라우드 서비스 중에 가장 빠르게 시장을 잠식해나가는 기업이 바로 MS입니다.

MS가 클라우드 시장에서 두드러지게 된 것은 갑작스러운 일은 아니지요. MS는 2010년부터 꾸준히 아마존을 넘어서거나 유사한 수준으로 자사의 애저 클라우드 인프라 투자를 집행해왔습니다. 그 결과 MS는 2018년부터 아마존과 함께 클라우드 시장의 리더로 자리매김하고 있습니다.[6]

MS는 지속적인 투자뿐만 아니라 자사의 기존 역량과 사업을 연계하는 전략으로 클라우드 시장 내 입지를 지속적으로 강화해나갈 것으로 예상됩니다.[7] 그 근거로 첫째, MS는 이미 하이브리드 클라우드 시장을 선점한 상황을 잘 활용할 것입니다. 하이브리드 클라우드는 이용 고객이 직접 소유하고 운영·관리하는 프라이빗 클라우드, 아마존과 같이 전문기업이 관리·운영하며 누구나 접근해 사용할 수 있는 퍼블릭 클라우드를 혼합한 형태입니다.

아마존은 지속적으로 퍼블릭 클라우드 시장에 집중한 반면, MS는 아마존이 관심을 갖기 전인 2017년부터 하이브리드 클라우드 서비스를 제공해왔습니다. 퍼블릭 클라우드가 빠르게 확산되지만 여전히 공공부문은 물론 금융기관·대기업의 경우 보안 등의 이슈로 하이브리드 클라우드에 대한 요구가 높은 상황입니다. 이에 MS는

---

6) 클라우드 전쟁 1조 달러 클럽을 향한 왕좌의 게임(한주기, 클라우드 전쟁 1조 달러 클럽을 향한 왕좌의 게임, 2019).
7) 같은 글.

아마존과 달리 이 시장 기회를 미리 인식하고 사업을 진행해 선점하고 있습니다.

둘째, 자사가 보유한 소프트웨어의 독점적 지위를 잘 활용할 것입니다. MS가 제공하는 OS, 오피스 등 관련 프로그램을 이용하는 기업들에 MS 클라우드 서비스의 높은 호환성, 결합 상품 구매를 통한 비용 절감 그리고 관리자들이 이미 익숙한 사용 편의성을 함께 활용하며 제공하고 있습니다. MS의 할인 제공 예로 윈도우 서버^{Window} ^{Server}를 애저^{Azure}로 이전하는 경우 클라우드 계약에 대해 기본적인 할인 혜택을 제공합니다. 그리고 이미 사용 중인 구축형 프라이빗 제품과 서비스 계약에 대해 추가 할인을 제공하며 애저 클라우드 서비스로 고객을 유인합니다.

그뿐만 아니라 MS 오피스 프로그램의 SaaS화를 마무리하는 등 자사의 다양한 소프트웨어 서비스들의 기반으로 애저를 활용하는 동시에 성장시키고 있지요. 예를 들어 화상회의 서비스인 팀즈^{Teams}의 기능을 다른 서비스에 접목해 활용할 수 있게 해주거나 가상 PC에 원격 접속해 원격 근무를 할 수 있는 DaaS도 애저 이용자들에게 추가로 활용할 수 있는 서비스로 제공합니다.

셋째, MS는 해당 산업의 속성을 바탕으로 기업 고객군$^{Business\ to}$ $^{Business,\ B2B}$에 자사 클라우드인 애저를 더 사용하도록 유도하는 전략을 펼치고 있습니다. 예를 들어 자사 화상회의 서비스인 팀즈를 직접 판매하기도 하지만, 클라우드 서비스인 애저에서 소스코드[8])를 제공해 자사 클라우드를 사용하는 기업은 어디든 활용할 수 있게 했습니다. 그리고 MS의 DaaS도 별도 서비스로 판매하기보다는 애저 이용 고객들이 부가적으로 활용할 수 있도록 제공합니다.

　MS는 또한 5G로 이동통신산업에 클라우드 기술과 인프라에 대한 니즈가 늘어날 것을 알고 대응하는 모습을 보여줄 뿐 아니라 5G 확장에 고심하는 통신사업자들에게 클라우드 서비스를 활용한 모바일 엣지 클라우드를 제공하면서 그들의 투자 비용 부담을 줄여주고 있습니다. 2020년 10월 미국 1등 모바일 통신사 버라이즌이 MS와 모바일 엣지 컴퓨팅 투자를 함께한다고 발표하기도 했지요.[9] MS는 이를 위해 이미 네트워크 가상화 솔루션을 보유한 어펌드 네트워크를 2020년 3월 인수했을 뿐 아니라 네트워크 가상화 솔루션과 통신사업자용 통합 커뮤니케이션 솔루션을 개발하는 메타스위치네트웍스도 2020년 5월 인수했습니다. MS는 이동통신산업이라는 이종 산업에 진입하기 위해 산업의 특성을 잘 아는 기업을 인수함으로써 산업 특성을 이해하고 이에 맞는 솔루션을 제공하려는 노력을 지속하고 있습니다.[10]

개발자에게 우호적인 아마존

아마존은 개발자에게 우호적이며 이들 중심의 생태계를 조성해왔습니다. 아마존의 AWS가 개발자들이 가장 선호하는 클라우드 서비스로 자리매김해왔습니다. 아마존의 개발자 중심 생태계는 개발

---

8) [速報]マイクロソフト、ビデオ会議やチャット機能などを組み合わせて独自の電子会議アプリなどを開発できる「Azure Communication Services」プレビュー公開. Ignite 2020(NiinoJunichi, 2020).
9) Verizon teams with Microsoft to offer private 5G mobile edge computing(MS, 2020).
10) MS, 5G 통신 솔루션업체 '메타스위치' 인수(김우용, 2020).

아마존의 전략과 최근 이슈

AWS는 개발자들이 가장 선호하는 클라우드 플랫폼

- Accenture(2018) 설문에 따르면 15개 클라우드 플랫폼 중 AWS가 개발자들이 가장 선호하는 플랫폼
  - 아마존이 개발자에 대해 우호적이기 때문에
  - 개발자 중심의 생태계를 조성하기 때문에

고객 피드백 기반의 서비스 개발이 AWS 기본 전략

- 개발자 중심의 생태계 조성 = 고객이 원하는 것을 파악하고 이를 최대한 반영해 실제 서비스로 제공. 즉 피드백 기반의 신속한 서비스 제공이 전략
  - AWS Snowball: 오지에 있는 고객에게 스노볼(소형데이터센터 장치)를 마치 택배처럼 보낸 후, 현지 데이터 센터에서 수집된 데이터를 복사한 이후 다시 AWS의 데이터 센터로 가져와 분석하고 고객에게 결과를 전달하는 SVC

아마존의 서비스 영역 확장으로 고객들과 충돌

- 아마존이 비즈니스 영역을 확장한다는 점이 아마존 클라우드에 약점이 되고 있으며, 이 부분이 더 확대될 전망임
  - 비즈니스상 아마존과 경쟁하는 업체들이 AWS를 꺼리기 시작함
  - 크로거의 CIO는 2017년 CNBC 인터뷰에서 "우리가 아마존의 성장을 도울 이유가 없다"라고 하며 아마존을 선택지에서 배제함

기업	서비스
월마트	5년간 애저 사용 계약 체결
이베이	구글 클라우드 사용
크로거	MS와 디지털 기반 식료품 마켓 사업 파트너십 체결
월그린스	7년간 애저 사용 계약 체결
알버슨	3년간 애저+클라우드 오피스 365 통합 사용 계약 체결

자가 원하는 것을 먼저 파악하고 이를 최대한 반영해 실제 서비스로 제공하면서 만들어진 결과입니다. 대표적인 예로 AWS의 스노볼 Snowball 이라는 서비스로 고객의 요청에 아마존이 최대한 대응하려고 노력합니다. 이는 오지에 있는 고객에게 스노볼이라는 소형 데이터 센터 장치를 택배로 보낸 후 현지 데이터 센터에서 수집된 데이터를 복사해 다시 AWS의 데이터 센터로 가져와 분석한 다음 고객에게 전달하는 서비스입니다.

하지만 아마존은 개발자가 아닌 사업 관점에서는 고객들과 친화적이지는 않습니다. 원래 아마존은 자사 온라인 쇼핑몰과 개발자를 위한 클라우드 서비스 등 최종 소비자에게 강한 기업으로 알려져 있습니다. 최종 고객에게 더 질 좋은 서비스를 제공할 수 있다며 해당 영역에 거침없이 진입하고 있습니다. 이러한 사업 영역 확장으로 클라우드 서비스 고객이 다른 사업부문에서는 경쟁사가 되는 상황이 생깁니다. 이것이 아마존의 향후 사업에 부정적인 약점으로 부각되고 있고요. 예를 들면, 미국의 중서부와 남부 중심으로 분포된 종합 유통업체 크로거Kroger의 최고정보관리책임자CIO는 2017년 "우리가 아마존의 성장을 도울 이유가 없다"면서 아마존을 선택지에서 배제했고, 또 미국의 다양한 유통 기업들이 아마존의 경쟁사인 MS나 구글과 사용 계약을 체결하고 있습니다.

클라우드 시장에서 아마존이 최종 소비자인 개발자들에게 우호적인 사업을 해온 반면, MS는 비용 절감, 관리 편의성 등 개발을 포함해 회사 전반의 사업 운영에 더 큰 효익을 제공하며 빠르게 성장하고 있습니다. 퍼블릭 클라우드가 주류 시장으로 전환되면 될수록 개발자 개인보다는 전체 회사의 사업적 관점에서 선택될 여지가 높아 향후 MS의 성장이 더욱 가시화할 것으로 예상됩니다. 그뿐만 아니라 아마존은 자사 온라인 쇼핑몰을 통해 최종 소비자의 불만과 니즈를 누구보다 잘 알기에 다양한 사업에 직접 진입해 아마존 클라우드 서비스인 AWS 고객과 경쟁하거나 갈등을 일으키기도 합니다. 이러한 부분은 앞으로 아마존이 클라우드 서비스의 성장을 이루려면 해결해야 할 중요한 과제가 될 테지요.

후발 주자로 캐치업 전략을 진행 중인 구글 클라우드

클라우드 시장 내 톱 3라면 빠지지 않을 구글은 아마존, MS에 이은 후발 주자로 두 가지 관점에서 자신만의 클라우드 전략을 구사하고 있습니다. 첫째, 구글 클라우드를 유튜브, 구글 플레이 등 다양한 자사 서비스의 기본 클라우드로 활용하고, 해당 서비스의 성장과 함께 구글 클라우드의 확장을 도모합니다. 둘째, 자사 서비스인 GCP^Google Cloud Platform뿐만 아니라 경쟁사인 아마존의 AWS, MS의 애저를 활용하는 서비스까지 함께 운영·관리할 수 있도록 하는 등 후발 주자로 경쟁사들의 고객을 빼앗으려 합니다. 즉, 구글은 아마존, MS 클라우드 고객군을 빼앗는 기반을 만들고, 구글 클라우드의 개발 도구, 플랫폼 서비스를 연계하는 동시에 보안성을 강화하면서 점차 시장을 넓혀가려고 노력할 것입니다.[11]

---

11) Alphabet 인공지능 시대의 지배자(김중한·김철민·한주기·이준웅, 2020).

● 앱리스 세상, 웹 브라우저만 있으면 돼! ●

클라우드 활성화와 함께 콘텐츠와 서비스가 OS와 같은 특정 플랫폼 또는 특정 기기에 대한 종속에서 벗어나려는 시도도 더 활성화되고 있습니다. 클라우드 자체만으로 충분히 기술적 뒷받침이 되고, 이동 통신망의 기술과 성능도 클라우드 확대를 충분히 지원할 것입니다. 물론 과거에도 콘텐츠와 서비스 사업자들은 OS와 기기에 대한 종속에서 벗어나려고 시도했습니다. 그 대표적 예가 HTML5이지요. HTML5는 기기클라이언트와 서버와의 통신, 이와 관련한 부가 기능을 구현하는 데 별도 플러그인 없이도 멀티미디어를 재생하고 카메라, 작동센서 등 하드웨어 기능을 직접 웹에서 제어하는 프로그래밍 언어입니다.[12]

HTML5의 기술적 가능성이 구글과 애플의 스마트폰 OS 종속을 풀어줄 가능성을 보여주면서 종속성에 불만이 있던 많은 기업이 쾌재를 불렀습니다. HTML5 기술이 애플과 구글 서비스 종속에서 벗어나는 무기가 될 수 있다고 판단한 페이스북은 HTML5에 가장 공격적으로 투자했습니다. 2010년부터 페이스북은 HTML5 개발자 지원 사이트를 제공하고, 2011년 미국 소셜 게임업체 징가와 함께 HTML5 기반의 '스파르탄 프로젝트Spartan Project'를 진행했습니다. 그리고 2012년에는 HTML5 기반의 웹 앱을 공개했습니다.

---

12) HTML5의 등장과 그 배경(김재희, 2016).

하지만 소셜 미디어로서 관계성이 중요한 서비스인 페이스북은 이용자들 간 즉각적 반응이 중요한데 HTML5 기반 웹 앱의 구동속도가 기존 앱보다 늦자 소비자들의 불만이 폭주했고, 이로써 사용자가 감소하는 상황을 맞이했습니다. 2012년 8월 페이스북은 2년간 개발한 HTML5 웹 앱을 반년이 채 되기 전에 버리고 기존의 애플 iOS, 구글 안드로이드 OS 기반 앱을 다시 개발해 배포했습니다.

웹 앱은 분명히 장점이 있습니다. 웹 앱은 일괄 배포되므로 이용자가 최신 상태와 성능의 콘텐츠와 서비스를 사용할 수 있습니다. 그리고 웹 앱은 기기 특성과 독립적이라서 콘텐츠와 서비스 제공사는 기기 고민 없이 온전히 콘텐츠와 서비스에만 집중할 수 있고 콘텐츠와 서비스의 질 향상에 기여할 수 있지요. 그러한 이유로 웹 개발 언어는 지속적으로 발전되고 있고, 콘텐츠와 서비스 사업자들은 꾸준히 웹 기반 앱을 다양하게 개발하고 있습니다.

이와 관련해서는 구글이 가장 열심인데요, 구글 자사 서비스들이 대부분 웹 기반이기에 자사의 크롬 브라우저가 뒷받침하며 기능과 성능을 높이고 있습니다. 그 대표적 예로 구글 문서도구Google Office가 있는데, 별도 프로그램 설치 없이 웹브라우저에서 MS 오피스 수준의 문서 작성을 가능하게 해줍니다. 그뿐만 아니라 동시에 함께 문서 작업을 하더라도 해당 문서가 실시간으로 동기화되어 한 화면에서 문서 협업도 가능합니다. 또 크롬 브라우저에서도 별도 플레이어 없이 동영상 재생도 가능합니다.

이제 많은 경우 응용 소프트웨어들이 클라우드 기반으로 별도 프로그램 설치 없이 웹 브라우저로 접속해 바로 사용할 수 있게 되었습니다. 그 확대 기반이 되는 WebRTC를 먼저 살펴보고, 5G와 함께 활성화할 확장현실 구현 역시 웹 브라우저에서 구현 가능하게 해주는 WebXR을 살펴보겠습니다.

WebRTC

웹 알티시Web Real-Time Communication, 이하 WebRTC는 웹 애플리케이션과 사이트들이 별도 소프트웨어 없이 음성, 영상 등 미디어나 파일 같은 데이터를 웹 브라우저끼리 주고받을 수 있게 만든 기술입니다.[13] 쉽게 말하면 스마트폰 OS에 상관없이 웹 브라우저가 있으면 '멀티미디어' 콘텐츠 기반의 다양한 '커뮤니케이션'을 가능하게 하는 기술입니다. 즉, WebRTC 기술은 멀티미디어와 커뮤니케이션 구현에 집중한 기술이지요.

그래서 WebRTC는 멀티미디어 관점에서 화면이 끊김 없이 부드럽게 연결되어 눈의 피로를 줄여주는 방향으로, 커뮤니케이션 관점에서 지연성을 더 줄여가는 방향으로 발전하고 있습니다. 더 고화질로, 더 많은 사람이 한번에 접속하는 기술도 서버, GPU 기술 발전과 함께 고도화되고 있으며, 서비스 구현·운영에서 비용 절감도 동시에 추진되고 있습니다. WebRTC 기반 화상회의 서비스로 알서포트의 리모트 미팅이 대통령 주관 대국민 전략회의에 채택되는 등 기술력이 나날이 높아지고 있습니다.

---

13) WebRTC API(Mozilla).

WebRTC는 고화질과 저지연성 기술 고도화로 멀티미디어와 커뮤니케이션이 적용되는 다양한 콘텐츠와 서비스에 확대 · 적용되고 있습니다. 이미 각종 생산성 도구뿐만 아니라 데이팅 앱 등 다양하게 활용되고 있고요. 기술적으로는 즉시성을 요구하는 클라우드 게임들이 WebRTC를 기반으로 하고 구글의 클라우드 게임 서비스인 스태디아Stadia도 WebRTC 기반으로 개발되고 있습니다.

WebXR, 실감형 웹

멀티미디어 진화 관점에서 2차원을 넘어 3차원 360도 콘텐츠가 웹 브라우저만으로 구현되는 기술도 발전하고 있습니다. 이 기술은 원래 WebVR로 불렸는데요, WebVR은 웹 브라우저로 사용자가 보유한 VR 헤드셋과 VR 지원 기기를 사용해 가상현실VR을 체험할 수 있는 기술입니다. 과거 WebVR 버전으로 구글 안드로이드 OS용 모바일 크롬 브라우저 그리고 삼성의 모바일 인터넷 브라우저에서 구동되었다고 합니다.[14]

하지만 지금은 WebVR 개발이 중단되고 증강현실AR 기능까지 포함한 WebXR이 발전하고 있습니다. 2019년 말부터 구글의 크롬 브라우저에서 WebXR을 지원하는데,[15] WebXR을 통해 앞으로 가상현실과 증강현실 관련 도구 지원, 확장현실 기기 접근 및 제어 등이 별

---

14) WebVR is a JavaScript API for creating immersive 3D, Virtual Reality experiences in your browser(WebVRocks, 2020).
15) Chrome 79 Beta: Virtual Reality Comes to the Web(Chromium Blog, 2019).

도 프로그램 없이 웹 브라우저로 쉽게 구현되어 경험할 수 있을 것으로 보입니다. 그리고 WebXR 적용 가능 · 향후 기술 고도화로 웹도 점점 더 실감형으로 발전할 거고요. 이를 실감형 웹[Immersive Web 16)]이라 정의하는데 게임, 360도 콘텐츠, 쇼핑, 실감형 예술 등 다양한 영역에서 적용될 것으로 예상합니다.

---

16) Virtual reality comes to the web(MedleyJoe, 2019).

4장

새로운 20년 혁신을 위한 시도와
사람들의 적응

5G망이 구축되고 있는 상황이기에, 5G 기술에 종속적인 서비스들이 엄청 사용되고 세상을 변화시킬 상황은 아닙니다. 하지만 앞으로 5G 관련 기술과 제품, 서비스 분야에서 나타날 변화에서 기회를 선점하려는 도전은 지속될 것입니다. 그 과정에서 사람들의 관심을 받으며 수면 위로 떠오르는 기술과 상품은 소비자들이 새로운 변화를 받아들일 준비가 된 영역이거나 공급자가 정말 시급하게 도입해야 하는 영역에 해당될 것입니다.

그런 측면에서 첫째, '게임' 영역은 미디어 영역에서 가장 혁신적인 소비자가 모여 있어, 다양한 시도들이 게임 이용자와 소통하고 테스트하며 진행될 것입니다. 둘째, 스마트폰 이후 등장할 새로운 와해성 혁신에 페이스북, MS가 개척하고 있는 확장현실이 그다음 대상이 될 듯합니다. 셋째, 금융·상거래커머스 영역이 그 대상이 될 것입니다. 이는 오프라인 중심에서 완전히 온라인화하는 과정에서 신규 진입자 또는 타 산업의 기업들에 새로운 시장 기회가 열릴 것이기 때문입니다.

● 게임, 혁신의 청사진을 품다 ●

게임, 특히 콘솔 게임은 테크Tech 영역에서 가장 혁신적인 기술과 시도가 많이 일어나는 영역입니다. PC 시장에서는 게임용 PC가 가장 비싸게 팔리는데, 그 이유는 고성능 부품으로 새로운 기술이 많이 적용된 가장 고사양 PC이기 때문입니다. 또 가장 혁신적인 기술과 도전이 적용되는 기기도 게임기, 즉 게임 콘솔Game Console입니다.

2000년 소니에서 출시된 플레이스테이션2는 당시 기술 시장 표준이 정의되지 않아 시장 내 확산도 제대로 되지 않았던 DVD를 게임 타이틀 저장 매체로 삼았습니다. MS는 게임 플레이어의 위치와 움직임을 감지해 3차원 데이터를 만든 엑스박스XBOX 키넥트Kinect를 자사 게임 콘솔인 엑스박스에 처음 적용했을 뿐 아니라 확장현실 기기인 홀로렌즈 등 다른 제품에도 적용하고 있습니다. 페이스북이 인수한 오큘러스도 원래는 '게임 이용자들이 게임 속으로 들어갈 방법을 만들어주기 위해 설립된 비디오 게임 회사'였습니다.[17]

---

17) 더 히스토리 오브 더 퓨처(해리스블레이크, 2019).

현실보다 더 현실 같은 고사양 게임

코로나19 이후 더 각광받는 게임으로 MS가 유통한 〈플라이트 시뮬레이터 2020[Flight Simulator 2020]〉이라는 것이 있습니다. 이 게임은 이용자가 비행기 파일럿이 되어 가상공간에 똑같이 구현된 전 세계를 누빌 수 있게 해줍니다. 이 〈플라이트 시뮬레이터 2020〉은 게임 속 가상공간이 극사실주의로 표현되어 코로나19로 답답해하는 전 세계 게임 이용자들에게 마치 직접 비행기 조종사가 되어 전 세계 하늘을 누비는 듯한 경험을 제공합니다.

이 게임이 어느 정도 극사실주의를 추구했느냐면, 2페타바이트[Petabyte, PB=1,024Terabyte]에 달하는 데이터를 클라우드 스트리밍 방식으로 불러와 지구 전체를 일대일로 게임에 구현했다고 하지요. 이를 위해서 MS는 MS의 빙[Bing] 지도 데이터와 클라우드 컴퓨팅 플랫폼인 애저, 그리고 AI 기술을 총동원했다고 합니다. 전 세계 5억만㎢가 넘

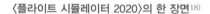

〈플라이트 시뮬레이터 2020〉의 한 장면[18]

18) How Flight Simulator delivers maximum fidelity visuals(Battaglia Alex, 2020).

는 육지와 200만 개가 넘는 도시, 세계 곳곳에 자리한 4만여 공항까지 모두 그 자리에 그 모습 그대로 있습니다. 런던 타워브리지나 빅벤 등 세계적인 명소도 실제 현장처럼 구현되었고 비행기 격납고와 비행기 내부도 거의 실제 같다고 합니다.

실제와 같은 게임을 추구했으므로 비행시간도 현실과 똑같아서 10시간 이상 걸리는 항로의 경우 10시간 넘게 게임 화면을 쳐다보아야 합니다. 또 게임 속에서 악천후 비행을 할 때는 정면과 측면 유리를 타고 흐르는 빗물이 묘사되고, 낮은 고도에서 각도가 좋을 때는 무지개가 나타나며, 비행 지역과 날씨에 따라 대기오염도 나타납니다.

사물 인터넷 기술과 제품을 흡수한 게임들

게임 이용자들은 이미 다양한 종류의 조이스틱으로 높은 게임 몰입감을 경험해왔습니다. 자동차 운전 게임용으로 차량과 흡사한 운전대와 노면의 승차감을 느낄 수 있는 진동 모터 등이 탑재된 게임 운전기기도 있고, 슈팅 게임용으로 게임에 나오는 총과 같은 액세서리도 있습니다. 또 이용자들이 게임 속 가상공간에서 현실처럼 즐기게 하는 기술들이 적용된 게임콘솔도 많이 출시되어 있습니다.

MS는 컨트롤러 없이 이용자의 신체를 이용해 게임과 엔터테인먼트를 경험할 수 있는 키넥트를 2010년 출시했으며, 2013년 출시한 엑스박스 원XBOX ONE에 기본으로 탑재해 댄스 등 다양한 게임에 활용되게 하고 있습니다. 또 닌텐도에서 2017년 출시한 닌텐도 스위치는 모션 센서 컨트롤러를 기본으로 제공해 복싱, 줄넘기, 댄스, 테니스 등 다양한 게임을 실제와 같은 몸동작으로 즐기게 지원합니다. 그 밖에 포켓몬스터 게임을 할 때 만화 속 주인공처럼 던질 수 있는 '몬스터볼 플러스' 등도 출시되어 있지요. 이처럼 게임에 맞게 몰입감을 높이는 다양한 액세서리가 이미 게임 시장에서 통용되고 있습니다.

2020년 10월 〈마리오 카트 라이브Mario Kart Live〉라는 게임 타이틀이 출시되었는데, 이는 증강현실 기술을 활용해 실제 존재하는 현실 공간을 무대로 레이스를 펼칠 수 있게 되어 있습니다. 〈마리오 카트〉 게임을 현실 세계에 투영하기 위해 RC카를 사용하고, 마리오가 탑승한 카트 모양 RC카에 카메라를 탑재해 주행 영상을 게임 화면에 투영합니다. 그리고 게임 이용자가 마리오가 되어 카트를 타고 실제 거실 곳곳을 누비는 체험을 할 수 있습니다.[19]

기술적 집합체 게임의 발전 방향

즐길 수 있어 새로운 도전을 가장 쉽게 받아들이는 고객이 존재하는 게임 영역에서 지금까지 그랬던 것처럼 앞으로도 더 다양한 도전이 나타날 것입니다. 이미 확장현실 기기 시장은 게임용이 선점하고 있고 소니와 오큘러스가 1위와 2위 자리를 다투고 있지요. 소니는 플레이스테이션에 연결하는 PSVR로, 오큘러스는 스팀 등 다양한 게임 플랫폼의 게임에서 사용할 수 있는 VR 기기로 실감형 게임 이용

---

19) AR 기술 · RC카 융합한 〈마리오 카트〉 최신작 등장(김형원, 2020).

경험을 이용자들에게 제공합니다. 그리고 센서들이 게임 이용자의 동작을 인식하고, 진동모터들이 가상공간 속 촉감을 실제로 느끼게 하는 등 게임 속 가상공간과 현실 세상의 차이를 줄이는 방향으로 기술이 계속 발전할 것입니다.

● 실감 콘텐츠 확산과 보편화 ●

MS, 페이스북 등 글로벌 테크 선두 기업들은 확장현실을 스마트폰 혁신을 이을 차세대 컴퓨팅 플랫폼으로 인식하며 접근합니다. 이미 오래전부터 확장현실에 대한 관심과 도전이 있었는데, 특히 2020년은 확장현실 시장이 재정의되는 중요한 시점이었습니다. 2020년 들어 B2B^{기업용} 시장에 집중했던 MS와 같은 기업들은 조금씩 성과를 낸 반면, B2C^{일반 소비자}에 집중했던 곳들은 다시 한번 전략을 가다듬었습니다.

B2B 시장부터 새롭게 다시 정의되는 확장현실

몇 년 전까지만 해도 확장현실 영역에서 가장 전도유망한 선도 기업은 매직리프^{Magic Leap}였습니다. 매직리프는 2010년 창사 이래 약 30억 달러 수준의 투자를 유치하고 업계에서 가장 유명한 인재를 보유했지요. 이런 기대 속에서 2018년 말 출시된 매직리프 원^{Magic Leap One}은 초기 6개월간 6,000대밖에 판매되지 않았습니다. 매직리프는 시장의 냉랭한 반응 속에서 전략적 판단에 오류가 있었음을 인지했고 바로 지금까지 해온 전략을 바꿉니다. 2020년 4월 매직리프는 전체 인원의 50%인 1,000명을 해고하고 창업부터 진행해왔던 B2C 시장을 포기한다고 밝혔습니다. 그리고 시장 잠재성이 높은 헬스케어, 제조, 엔지니어링, 교육 등 B2B 시장으로 방향을 전환한다고 선언하고 MS 출신의 기업용 시장 전문가를 CEO로 영입했습니다.

B2B 시장부터 개화 중인 확장현실

처음부터 주목받다가 시들해진 매직리프와 달리 최근 MS가 확장현실 시장에서 많은 관심을 받고 있습니다. 그 이유는 첫째, MS는 다른 기업들과 달리 처음부터 그들이 잘하는 기업용 시장을 대상으로 확장현실을 개발 · 적용해왔습니다. 그뿐만 아니라 스마트폰 시대에

MS의 확장현실 전략

- MS의 홀로렌즈에 대한 입장
  - 홀로렌즈는 별도의 호스트를 활용하지 않는다는 점에서 스마트폰을 대체하는 미래 컴퓨팅 환경의 가능성 관점에서 MS는 접근하고 있음
    - 독립형 HMD로서, 자체적으로 윈도우 PC 내장
    - 구동 원리는 마이크로 디스플레이 기기에서 쏜 빛이 렌즈를 통해 고글에 비춰져 사물과 중첩
    - 기존 Xbox에 사용되었던 키넥트 센서를 활용해 완성도 높은 3D 센싱을 구현함

MS의 미래

| XR(혼합현실) | 양자 컴퓨팅 | 인공지능 |

클라우드 컴퓨팅

홀로렌즈2

- ● 기업용 및 산업용으로 개발됨
- ● 홀로렌즈1에 비해서 대폭 개선됨
  - ○ 칩셋(인텔→퀄컴), 시야각(34°→62°), 시선 추적(eye tracking 가능), 양손 인지 가능(한손→양손) 등

놓쳤던 경험이 있는 MS는 그 경험을 다시 하지 않으려고 확장현실 영역이 그다음 혁신 시대를 이끌 차세대 기기·서비스라는 판단 아래 투자와 연구개발을 진행하고 있습니다. 확장현실에 대한 MS의 전략과 기술력이 담긴 제품이 확장현실 기기 홀로렌즈HoloLens 시리즈입니다. 현재 시장에서 가장 잘 만들어진 기기로 알려져 있지요. 이 기기는 독립형 HMDHead Mounted Display이면서 윈도우 10을 탑재하는 등 확장현실을 자사 OS 주요 포트폴리오 대상으로 보며, 클라우드와 AI 그리고 다양한 서비스 포트폴리오와 시너지를 낼 미래 전략을 구상·전개하고 있습니다.

둘째, 구글은 증강현실을 활용한 새로운 검색 시장 기회를 장악하고 기반을 마련하려 2012년 구글 글래스를 출시했습니다. 그 덕분에 증강현실이 시장에서 관심을 많이 받았지만 구글은 시장에서 구글 글래스가 사생활 이슈는 물론 야외 공간 등 밝은 곳에서 안 보이는 문제가 발생하면서 일반 소비자용으로 사용하기 어렵다고 판단했습니다. 이에 오랜 고민 끝에 구글 글래스가 특정 환경에서만 사용되는 기업용으로 적합하다는 걸 인지하면서 2019년 기업용으로 다시 출시했지요. VR 역시 초기 VR 콘텐츠 시장 기회를 탐색해보기 위해 카드보드, 데이드림 등 저렴한 HMD를 출시했지만 아직 사용성이 충분하지 않아 더 출시하지 않고 있습니다.

매직리프, 구글, MS 등의 사례에서 보았듯이 당분간 확장현실은 기업용을 중심으로 성장할 것입니다. 이는 아이폰이 스마트폰을 보편화하기 전까지 블랙베리가 B2B 시장 중심으로 시장을 개척한 상황과 흡사합니다. 확장현실의 보완자산이 충분히 뒷받침될 때, 진정한 의미에서 일반인들을 위한 보편적인 확장현실 시장이 열릴 것으로 기대됩니다.

B2C에 대한 투자와 노력도 진행 중

확장현실이 일반 소비자용으로는 아직 부족하지만 이 시장을 위해 꾸준히 준비하고 투자하는 기업들도 있습니다. 가장 대표적인 기업으로 페이스북과 애플이 있습니다.

첫째, 페이스북은 일반 소비자용 확장현실 기기와 서비스에 가장 열심히 공을 들이고 있습니다. 그들의 서비스가 사람들의 관계성에 기반해서 그럴 것도 같은데요, 그들은 확장현실을 사람들의 관계성과 사회성에서 물리적 제약을 풀어 한 단계 더 진화해나갈 기술로 보고 있습니다. 그 근거로 확장현실 사업에 대한 그들의 청사진을

페이스북의 확장현실 비전과 진행 현황

페이스북의 확장현실 비전	가상현실과 증강현실은 다른 공간에 있음에도 누군가가 바로 옆에 있는 듯한 감정을 느끼게 해주는 가장 적합한 기기와 서비스로, 인간의 사회적 존재감을 새로운 방법으로 일깨워주는 매개체가 될 것임

오큘러스 퀘스트는 손 추적(Hand Tracking) 기술이 적용되어 제어기가 있는 오큘러스 리프트보다 발전함

페이스북 호라이즌은 가상 세계 속에서 교류하고 게임을 즐길 수 있는 가상 소셜 플랫폼임

들 수 있습니다. 그들은 확장현실을 '다른 공간에 있는데도 누가 바로 옆에 있는 것 같은 감정을 느끼게 해주어 인간의 사회적 존재감을 새롭게 일깨워주는 매개체'로 접근하고 있습니다. 그래서 확장현실을 일반 소비자용으로 다가갔다가 기업용으로 전환한 다른 기업들과 달리 페이스북은 일반 소비자용 확장현실 서비스에 계속 몰입할 것으로 보입니다.

페이스북은 보편성을 띠어야 하는 일반 소비자용 소셜 미디어 서비스 구현을 추구하므로 감정을 드러내며 소통할 수 있는 입출력 기기에 신경을 더 씁니다. 그래서 페이스북 호라이즌Facebook Horizon이라는 가상 소셜 플랫폼 서비스를 제공하는 동시에 입출력 부분을 개선한 오큘러스 시리즈를 함께 출시하는 등 서비스와 기기를 포괄한 통합적 관점에서 확장현실을 개선하려 노력하고 있습니다.

둘째, 애플은 아이폰을 기반으로 한 대중시장을 목표로 그 보완자산을 연계한 전략을 지속적으로 펼쳐오고 있습니다. 애플은 자사 기기를 중심으로 확장현실 서비스 기반을 마련해 확대해왔습니다. 먼저 AR을 살펴보면, 2017년부터 에이알키트ARKIT라는 iOS 적용 자사 스마트 기기를 위한 서비스 개발 툴을 제공하며 서비스 개발사들이 AR을 활용한 앱 서비스를 출시하도록 지원·유도해왔습니다. 그리고 보편성 있는 대중 시장에 맞는 수준의 성능과 품질을 갖춘 증강현실용 기기와 가상현실용 기기를 동시에 준비하고 있습니다. 2020년 기준으로 애플의 확장현실팀은 약 1,000명 규모의 강력한 엔지니어로 구성되어 있으며, HMD 타입과 글래스 타입의 하드웨어를 준비하고 있습니다.

● 금융과 상거래 서비스의 디지털화·가상화 ●

금융과 상거래는 그 자체는 다르나 수요자와 공급자를 연결해주는 거래라는 측면에서는 유사합니다. 즉, 금융은 돈을 공급해주는 사람과 돈이 필요한 사람을 연결해주는 활동이지요. 그리고 상거래는 재화와 용역으로 구성된 상품을 공급해주는 사람과 상품이 필요한 사람을 연결해주는 활동입니다. 이 둘의 활동은 공급자와 수요자를 연결해주는 매개체broker 구실을 한다는 측면에서 유사합니다.

옛날에는 거래가 공급자와 수요자를 연결하기 위해 사람들이 모이기 좋은 오프라인 공간에서 주로 진행되었고, 원거리로 확장되면서는 더 많은 수요와 공급을 연결하는 등 그 매개체 역할을 더 확대해왔습니다. 하지만 이제는 기술 환경의 발전으로 원거리 거래가 데이터 송수신트래픽만으로 가능하게 되었지요. 또 사람들이 만나는 접점이 온라인 가상공간으로 바뀌면서 오프라인 공간의 장점은 점차 줄어줄고 있습니다. 그리고 오프라인 공간의 불필요와 감소 그리고 AI의 발전으로 더 유연하고 효율적인 방법으로 공급과 수요를 연결해줍니다. 정보를 주고받는 거래가 금융과 상거래인데요, 과거에는 사람이 정보의 핵심이어서 사람 간 거래로 진행할 수밖에 없었으나 이제는 기술 발전으로 그 본질인 정보에 더 집중하게 된 것 같습니다.

온라인 가상공간으로 들어간 금융

오래전 금융은 ① 돈이 필요한 사람과 돈을 제공하는 사람, ② 거래를 약속한 사람들이 만나는 장소와 주고받는 재화, ③ 사람들이 작성한 거래 장부, 약속한 증서 등 증빙 정보 세 요소로 구성되었습니다. 금융 관련 기술과 보완자산의 발전은 이들 구성 요소를 역순으로 하나씩 변화시켜 금융 서비스를 혁신하고 있습니다.

첫째, 증빙 자료의 데이터화와 함께 금융 서비스가 다양한 생활 서비스에 흡수되고 있습니다. 정보통신 기술은 사람들이 작성한 거래 장부, 약속한 증서가 데이터화되어 서버에 저장되고 전달되는 디지털 인프라 시스템으로 전환되었습니다. 금융기관은 금융사업 지식을 바탕으로 디지털 인프라 시스템을 구성하는 복잡하고 다양한 요소 소프트웨어와 시스템을 통합해 기획·개발·운영하며 금융 사업을 해왔습니다. 또한 금융기관만이 금융 지식과 기술을 녹여 다양한 소프트웨어와 시스템을 최적화해 인프라 시스템을 운영하며 금융 서비스를 제공했습니다.

하지만 금융이 스스로 벽을 깨고 변화하고 있습니다. 첫째, 금융이 사람들의 일상으로 스며들고 있습니다. 둘째, 다양한 서비스 사업자들이 고객과 그들의 데이터 그리고 운용할 자금을 바탕으로 금융을 새롭게 포함시키고 있습니다. 셋째, 다양한 서비스의 금융 활동을 흡수하면서 금융 내부적으로 변화하고 있습니다. 금융과 관련한 요소 소프트웨어와 시스템이 독립적 서비스로 발전하는 기반도 마련되고 있습니다.

다양한 서비스 사업자가 금융 활동을 자기 서비스에 흡수한 예로 카카오모빌리티나 우버와 같은 택시 또는 차량 공유 서비스 사업자들이 있습니다. 이들은 택시 회사, 택시 기사, 운전자 등 공유 서비스를 구성하는 공급자들을 확보·유지하는 데 엄청난 돈을 투자합니다. 서비스 수요자들에게 더 많은 이용 기회를 제공해야 공유 서비스가 더 활성화되기 때문에 이러한 지출은 당연한 투자가 될 것입니다.

이러한 비용 투입 활동을 수익 활동으로 전환할 수 있는데, 그게 바로 공급 구성원들에게 금융 서비스를 제공하는 것이지요. 사실 공유 서비스 사업자들은 그들이 보유한 운용 자금과 공급자들의 서비스 활동에 대한 데이터를 활용해 서류 검토 없이도 더 빠른 금융 서비스를 제공할 수 있습니다. 공급자들이 이 서비스를 믿고 의지하게 된다면 택시 기업과 기사, 운전자들의 이탈을 막을 수 있고, 서비스

금융 인프라의 서비스화[20]

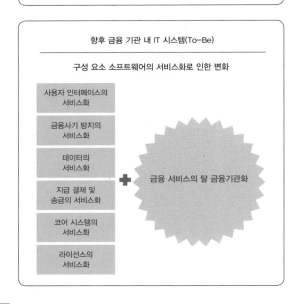

20) Every Company Will Be a Fintech Company(StrangeAngela, 2020). 금융 인프라의 AWS화⋯
모두가 핀테크 회사 될 것(황치규, 2020).

의 이점을 알게 된 공급자들이 알아서 찾아오므로 공급자 확보 비용을 줄이거나 없앨 수 있습니다. 그리고 금융사업을 통한 추가 수익까지 기대할 수 있습니다.

모빌리티 기업들 외에 금융 활동을 서비스 사업자들이 흡수하는 모습은 이미 다양한 영역에서 나타나고 있습니다. 온라인 쇼핑몰 인프라를 제공하는 쇼피파이Shopify가 또 다른 예입니다. 그들은 매출의 절반 이상을 금융 서비스에서 올립니다.[21]

쇼피파이는 2016년 쇼피파이 캐피탈Shopify Capital이라는 판매자를 위한 대출 서비스, 2020년에 판매자들을 위한 자금 관리 솔루션인 쇼피파이 밸런스Shopify Balance 서비스 등 금융 서비스를 제공합니다. 또 쇼피파이를 애용하는 소비자에게도 대출 기관 어펌Affirm과 파트너십을 맺어 일단 구매하고 나중에 지불하는 소액 융자Buy-Now-Pay-Later 서비스도 제공합니다. 이는 쇼피파이가 가진 거래 데이터 덕분입니다. 쇼피파이는 입점한 온라인 쇼핑몰 판매자들의 사업 활동 데이터를 기반으로 대출 상환 역량과 자금 운영에 필요한 금액을 누구보다 잘 알 수 있습니다.

그뿐만 아니라 기존 은행들은 중소기업과 창업자들의 평균적 위험성을 알기에 금융 서비스 제공을 꺼릴 뿐만 아니라 이러한 손실 위험성을 제거하기 위해 엄청난 자료를 요구합니다. 하지만 쇼피파이는 자사 온라인 쇼핑몰 판매자에 대한 정보 비대칭 상황을 유리

---

21) 같은 글.

하게 활용해 더 좋은 금융 서비스를 판매자들에게 제공할 수 있습니다.[22] 한국에서 네이버 파이낸셜NAVER FINANCIAL 자회사를 보유한 네이버가 중소상인들의 판매 상거래 서비스를 제공하는 것을 보면, 앞으로 네이버가 상거래 플랫폼에서 버는 수익만큼이나 금융 서비스를 통한 수익도 발생할 거라고 예상할 수 있습니다.

이제 금융 서비스 인프라의 요소 소프트웨어와 시스템을 온라인 사업자라면 누구나 자기 서비스에 가져다 활용하게 되었습니다. 이렇게 보면 금융 서비스는 금융기관에서만 제공하는 것이 아니라 가상 온라인 공간 참여자라면 언제 어디서든 사람들이 접하는 서비스가 된 것 같습니다.

둘째, 앞으로 금융 거래가 발생하는 장소와 재화가 온라인에서 디지털화·가상화가 진행될 것입니다. 확장현실이 변화를 가속화하는 출발점이 될 텐데요,[23] 확장현실이 중심이 되는 실감형 콘텐츠 환경은 궁극적으로 모든 오프라인 금융점포를 디지털 온라인 가상점포로 전환할 것입니다. 이로써 기대할 수 있는 이점들이 많습니다.

① 온라인 가상점포에서는 인공지능 점원을 무제한으로 복제할 수 있어 기다리지 않고 바로바로 실시간으로 상담할 수 있습니다. ② 다양한 서류 등 양식이 종이가 아닌 데이터로 기록되어 종이 수요를 줄임으로써 나무를 보호할 수 있습니다. ③ 현재 오프라인 상점 등에서 사용하는 신용카드, 체크카드 등도 가상 재화가 될 것이

---

22) Shopify의 금융 서비스 전략(이수정, 2020).
23) Redefining Banking With Augmented Reality and Virtual Reality(Sahu Saurabha, 2020).

기에 카드제작을 위한 반도체 칩셋과 플라스틱 제조로 인한 자원 낭비와 환경오염을 줄일 수 있습니다. 특히 보험업에서는 확장현실 기술로 손해사정인이 현장 수준의 정보 수집과 분석이 가능해 잘못된 보험 사정을 방지하고, 보험사기를 예방할 수 있습니다.

셋째, 데이터와 인공지능이 적용되면 돈을 공급하는 사람과 돈이 필요한 사람 그리고 이를 주선하는 사람들 간 거래에서 직접 대면하지 않아도 됩니다. 상담부터 금융 계약, 관련 후속 처리까지 사람 대신 인공지능이 업무를 처리해주기 때문이지요. 오프라인 은행 점포에서 가장 많이 하는 행위는 고객이 문의하는 부분에 대해 정책·업무 매뉴얼에 기반한 상담을 하고 그 결과를 은행 전산시스템에 입력하는 것인데요, 이들 중 단순 입력, 업무 처리 등은 사람들 대신 인공지능을 적용한 서비스로 대체되고 있습니다.

단순 고객 상담의 경우 챗봇Chatbot, 자주 하는 질문FAQ 등으로 고객 스스로 처리하도록 지원을 합니다. 또 상담의 경우 정부의 금융정책에 따른 내부 규정 변화 등을 가장 빠르고 정확하게 알아 상담해주는 것이 중요한데, 인공지능이 담당 부서와 관련 문서를 찾아 빠르게 실시간 분석해줍니다. 앞으로 더 많은 금융 서비스에서 사람들의 활동을 인공지능이 대체할 것으로 예상됩니다.

가상공간으로 들어간 상거래와 24시간 쉬지 않는 무인 유통, 배송

이미 아마존, 알리바바, 쿠팡 등 온라인 쇼핑몰이 세상의 다양한 상품 공급자와 수요자를 연결해주고 있지요. 이제 이들 온라인 쇼핑몰은 오프라인에 무인 매장을 개장하며 다양한 실험을 하고 있습니다.

무인 매장으로 시장에 진입하는 것은 오프라인 사업 자체가 목적일 수도 있지만, 굳이 아날로그를 경험하는 이유는 앞으로 확장현실 등 실시간 온라인 환경에서 매장 모습을 실험해보는 이유가 더 클 텐데요, 지금 온라인 쇼핑몰에서는 단순히 글자나 이미지, 2D 동영상으로 구성된 홈페이지를 제공하지만 확장현실이 적용되면 3차원 360도 콘텐츠가 구현하는 가상 환경에서 실제처럼 쇼핑할 것입니다. 온라인 가상공간에서도 실시간 상품 정보를 얻고, 옷이나 신발의 경우 마치 직접 입고 신었을 때의 느낌도 체험할 수 있는 수준으로 발전하고 있습니다.

온라인 쇼핑몰 기술 발전과 함께 배송을 연계시킨 상거래 시나리오는 두 가지가 가능합니다.

첫째, 오프라인 무인 매장이 있으면서 그 속에서 장 보는 로봇이 물건을 보는 눈과 집는 팔 역할을 하고, 소비자는 확장현실 기기와 컨트롤러로 가상 쇼핑을 하는 시나리오가 있습니다. 이는 가상 온라인 쇼핑에서 실제로 내가 배송받을 상품을 직접 고르지 못하고, 잘 알 수 없다는 단점을 극복하는 방안이 될 것입니다. 이 경우 물건을 물류 창고가 아니라 무인 매장에서 배송할 것입니다. 둘째, 소비자는 확장현실 기기를 이용해 가상 쇼핑몰 공간에 들어가 쇼핑하고 그 물건은 물류 창고에서 배송하는 것입니다. 이는 기존의 온라인 쇼핑몰 공간을 확장현실화한 시나리오입니다.

무인 배송을 조금 더 구체적으로 살펴보면, 무인 배송 차량이나 드론 등을 이용해 24시간 배송이 가능해지고, 사람이 직접 배달하기 어려운 곳까지 배송이 가능할 것입니다. 이미 무인 배송과 관련해 다양한 시도가 이루어지고 있습니다. 로봇과 드론이 그 예입니다. 배송 로봇은 미국 아마존에서 2019년 1월부터 배달 로봇 '스카우트' 를 테스트하고 있습니다. 스카우트는 바퀴가 여섯 개 있어 울퉁불퉁한 도로 등에서도 안정적으로 활보합니다.

우리나라에는 배달의민족 서비스를 운영하는 우아한 형제들이 개발한 배달 로봇 '딜리 드라이브'가 테스트 운영되고 있습니다. '딜리 드라이브'는 음식을 최대 15kg까지 실어 나를 수 있으며 최대 속도는 시속 5.5km이고 장애물도 감지해 장애물이 나타나면 피한다고 합니다. 사용 프로세스를 살펴보면, 주문자는 배달의민족 앱에서 음식을 받고 싶은 장소의 QR코드를 스캔, 메뉴를 선택하고 결제하면 됩니다.

주문을 받은 업체에서 가게 앞에서 기다리는 딜리 드라이브에 음식을 넣으면 배달이 시작됩니다. 주문자는 앱 내 '배달 현황보기'로 현재 배달 상황을 확인할 수 있으며, 주문자에게 도착하기 100m 전과 도착하면 알림 메시지가 갑니다. 주문자가 알림을 확인한 다음 '딜리를 만났어요'를 클릭하면 자동으로 딜리 드라이브의 캐비닛이 열립니다.[24]

중국에서는 2020년 9월 알리바바가 인공지능과 자율주행 기술을 결합해 만든 바퀴형 무인 배송 로봇 '샤오만뤼小蛮驴'를 출시했습니다. 인공지능 능력을 바탕으로 10ms 이내에서 100개 이상의 행인과 차량의 움직임을 포착하고, 매일 택배를 최대 500개 배송할 수 있다

---

24) 요즘 자주 보이는 바퀴 달린 상자, 뭔가 했더니(이승아, 2020).

고 합니다.[25] 사람처럼 두 발로 보행하는 배달 로봇 '디짓Digit'도 있습니다. 디짓은 옮길 수 있는 거리가 멀지 않아 자율주행 자동차에서 택배를 꺼낸 뒤 고객 집 앞까지 배달하는데, 아직은 반자동으로 움직이고 약 18kg까지 옮길 수 있다고 합니다.[26]

둘째, 드론을 이용한 무인 배송입니다. 아마존은 아마존 에어로 알려진 자사 드론에 대한 운행 허가를 연방항공청FAA으로부터 받았

다양한 배달 로봇[27]

아마존 스카우트

알리바바의 샤오만뤼

우아한 형제들의 딜리 드라이브

디짓

---

25) 中 무인 배송 로봇업계 '춘추전국시대' 열렸다(전영, 2020).
26) 요즘 자주 보이는 바퀴 달린 상자, 뭔가 했더니(이승아, 2020).
27) Amazon parcels could be delivered by self-driving delivery boxes in the UK(Mee Emily, 2020). 식권대장-로보티즈, 비대면 로봇 점심 배달 서비스 제공(김태현, 2020). 알리바바 택배 로봇 공개… "사람처럼 생각해 이동"(김용철, 2020). [Tech & BIZ] [테크의 Pick] 어! 자동차 회사가 로봇을 개발한다고?(김충령, 2019).

습니다. 이 드론은 2.3kg 패키지를 최대 24㎞까지 운송한다고 합니다. 미국의 배송업체 UPS는 드론 제조업체인 워크호스Workhorse와 협력해 드론이 배달트럭 지붕에서 나와 목적지까지 배송하는 기술을 테스트해 완결된 최종 목적지까지 무인 드론으로 배송할 수 있게 되었습니다.[28]

우리나라에서는 GS25가 GS칼텍스 주유소를 드론 배송 거점으로 활용해 최종 목적지까지 드론으로 배송할 수 있습니다. 진행되는 프로세스는 고객이 GS25의 '나만의 냉장고' 앱을 통해 상품을 주문하면, 주유소 인근 GS25 편의점 상품을 주유소에서 드론에 적재해 목적지로 배달하는 것입니다. 비행기를 활용한 효율적 물류 운영 모델인 '허브 앤 스포크Hub and Spoke' 방식[29]을 개발한 페덱스Fedex는 무인 항공화물기를 운행하려고 릴라이어블로보틱스Reliable Robotics와 손잡고 자율비행 기술을 적용한 페덱스 무인 배송 비행기를 개발하고 있습니다.

코로나19 이후 로봇 또는 드론을 이용한 배송 사업 모델에 대한 논의가 나타나고 있습니다. 원거리 배송에는 당연히 비용을 내야 하는 것으로 생각하지만 식당, 슈퍼마켓 등에서 제공하는 단거리 배송을 부가 서비스로 접근할 수 있는 영역에서 논의되고 있습니다. 첫째 모델은 기존 방식 그대로 배송 자체를 하나의 가치 활동으로 인

---

28) 구글, 아마존, 월마트, UPS, DHL의 드론 배송이 미국 시장에서 전쟁이 벌어지고 있다(송말수, 2020).
29) 허브 앤 스포크: 자전거 바퀴의 중심축(Hub)과 바퀴살(Spoke)의 모습을 연상시킨다고 해서 지어진 이름. 각각의 출발지(Spoke)에서 발생한 물류 물량을 중심 거점(Hub)으로 비행기로 모으고, 중심 거점에서는 다시 비행기로 각각의 도착지(Spoke)에 배송하는 시스템.

정하고 비용을 내는 방식입니다. 현재 배송기사들이 하는 활동이 단순히 로봇 또는 드론으로 대체된다고 볼 수 있습니다.

둘째 모델은 배송을 부가 서비스 영역으로 규정하고, 로봇과 드론을 이용한 배송을 무료로 제공하게 됩니다. 이 모델은 로봇과 드론 제조사들이 주장하는 것으로 식당 또는 슈퍼마켓당 로봇과 드론을 구매해야 하므로 제조사에는 가장 유리한 모델입니다. 이들은 소비자들이 부담하는 배송비가 줄어듦으로써 소비자 후생이 증가한다고 주장합니다.

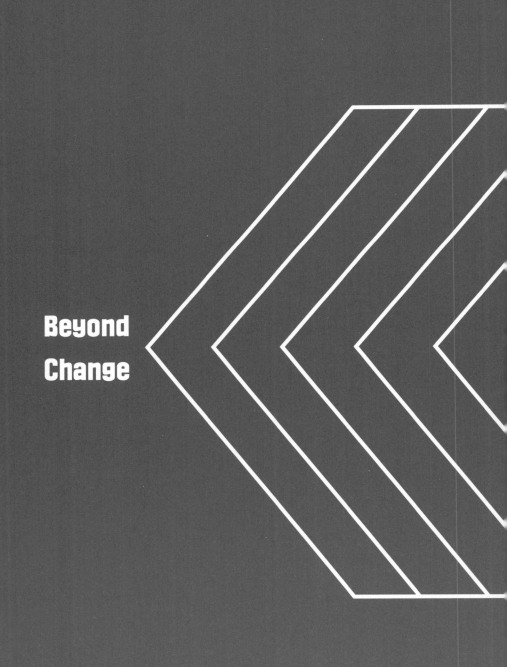

Beyond
Change

2부

스마트폰 없는 세상이 온다

앞서 5G와 6G가 가능하게 할 20년 새로운 혁신의 세 가지 테마로 X^{확장현실}, I^{사물 인터넷}, A^{인공지능}를 언급했는데요, '더 빠르고' '더 안정적이고 실시간으로' 연결 가능하기에 3차원 360도 콘텐츠를 이용하는 XR 환경에서 실시간으로 상호작용을 할 수 있는 다양한 서비스가 등장합니다. 그리고 '더 많이' '더 안정적이고 실시간으로' 연결이 가능해서 단순한 데이터 수집에서 정밀 공정까지 더 많은 영역에 IoT 적용이 가능해집니다. 또 '더 빠르고' '더 많이' '더 안정적이고 실시간으로' 연결되기에 더 많은 데이터가 수집·축적되고 이를 기반으로 AI가 접목되어 다양한 곳에 자동화·자율화 적용이 가능해집니다.

확장현실, 사물 인터넷, 인공지능이 독립적으로 또는 결합해 구현하는 세상은 과연 어떤 모습일까요? 2035년 어느 직장인의 하루를 들여다봅시다.

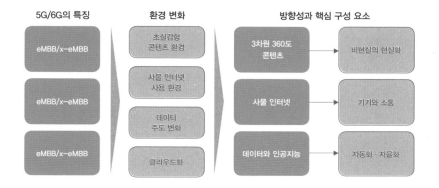

향후 ICT 20년 혁신의 방향성

5G/6G의 특징	환경 변화	방향성과 핵심 구성 요소	
eMBB/x-eMBB	초실감형 콘텐츠 환경	3차원 360도 콘텐츠	비현실의 현실화
eMBB/x-eMBB	사물 인터넷 사용 환경	사물 인터넷	기기와 소통
eMBB/x-eMBB	데이터 주도 변화	데이터와 인공지능	자동화·자율화
	클라우드화		

스마트폰리스 세상 속 신 씨의 하루

2035년 어느 여름날 아침, 30대 직장인 신 씨의 침대에서 알람콜이 울립니다. 쾌적한 숙면 모드가 기상 모드로 바뀌며 침대의 온도와 각도가 신 씨의 기상을 자연스레 돕습니다. 침대 옆에 놓인 확장현실 안경기기을 자연스럽게 쓰니 오늘의 날씨와 구독해놓은 뉴스 동영상이 확장현실로 브리핑됩니다. 브리핑이 끝날 때쯤 냉장고가 신 씨에게 다가와 말을 겁니다. "오렌지주스를 다 먹어갑니다. 또 주문할까요?" "네, 부탁해요"라고 자연스럽게 말하면 냉장고가 끄덕이고 다시 원래 자리로 돌아갑니다. 신 씨에게 왔다가 자기 자리로 돌아간 냉장고는 온라인 쇼핑몰에 접속해 오렌지주스를 주문하고, 신 씨가 외출을 준비하는 동안 오렌지주스가 집으로 배달됩니다.

외출 준비를 서두르는 신 씨의 손목에는 평소 애용하는 시계가 걸려 있습니다. 일반적인 시계처럼 보이지만 안경처럼 가상 디지털 세상과 현실을 연결하는 확장현실 기기의 일종이지요. 신 씨가 엘리베이터를 타는 순간 시계에서 신 씨의 외출 경로에 대한 정보를 전달받은 엘리베이터가 말을 거네요. "지금 밖에 비가 오는데 우산은 챙겼나요? 차를 타고 가실래요? 1층으로 가서 걸어 나가시겠어요?" 신 씨는 "마트에 들러야 하니 주차장으로 부탁해요"라고 대답하고, 엘리베이터는 신 씨를 신 씨 차가 주차된 층으로 데려갑니다. 이와 동시에 엘리베이터에서 정보를 전달받은 신 씨의 차는 스스로 시동을 걸고 신 씨가 주차장에 진입하자마자 픽업장소로 옵니다. "모모마트로 가주세요." 신 씨의 말과 함께 GPS에 목적지가 입력되면서 차가 신 씨를 마트까지 데려다줍니다.

마트에서 채소 매장을 둘러보던 신 씨는 비가 오니 막걸리 한잔에 배추전 생각이 간절해져 매대에 놓인 배추 앞 코드에 시계를 가져다 댑니다. 그러자 배추가 마스코트처럼 스르륵 일어나 "어제 일자 강원도 평창에서 수확된 배추예요. 무척 신선한데 가격은 단돈 2,000원. 오늘 구매하면 냉장 보관 시 신선하게 먹을 수 있는 기한은 일주일입니다. 얼른 데려가세요!"라고 말합니다. 이는 배추 요정의 영업이라기보다 해당 배추의 이력 관리와 가격 데이터, 온도, 해당 조건에서 배추를 구매할 가능성이 높은 고객의 특징에 대한 데이터가 인공지능과 접목되어 확장현실의 마케팅과 광고로 구현된 결과입니다. 쇼핑을 마친 후 '집으로 배달하기'를 선택하면 냉장보관 기능이 있는 배달트럭이 짐을 싣고 신 씨 집으로 출발합니다.

이처럼 사람들과 하는 것처럼 사물과도 편안하게 인간의 언어로 소통하는 환경에서는 단순 소통뿐만 아니라 마케팅, 상담 등 비즈니스 기회와 인간의 수요와 접목한 다양한 시도가 우리 상상을 뛰어넘는 수준으로 나타날 것으로 보입니다. 나보다 나를 더 잘 아는 인공지능을 생각해본 적 있나요? 내가 아는 것들은 대체로 내가 직간접적으로 경험한 것이지만 주기적으로 떠올리지 않는다면 일정 시간이 지나 자연히 잊히는 기억입니다. 그런데 의식적 · 무의식적인 경험과 주변 상황이 함께 데이터로 기록되고 저장되어 분석된다면 어떻게 될까요? 신 씨의 일상으로 다시 들어가 봅시다.

장보기를 마치고 출근하는 신 씨. 오늘은 삼성동 모처에서 까다로운 클라이언트와 약속이 있습니다. 미팅 장소로 향하며 시계를 들여다보니 지난 몇 주 동안 해당 클라이언트와 함께 미팅할 때 걸린 대략적 시간, 클라이언트가 자주 사용한 키워드와 목소리에서 분석된 심리 상태, 심지어 클라이언트가 자주 주문한 음료까지 클라이언트의 능숙한 응대에 필요한 크고 작은 정보가 나타납니다.

사람이라면 대개 중요하지 않은 기억은 잊어버리기 마련이고, 자기 행위를 정당화하거나 포장하려고 선택적으로 기억이 왜곡되는 경우도 있지요. 그러나 회의 당시 상대방과 자신의 기분 상태는 물론 장소, 온도, 습도 같은 외부 환경 변수가 객관적으로 기록되고 분석되는 인공지능이 있는 한 나와 상대방 사이에 오고 간 이야기와 행동의 이유는 객관적으로 저장 · 분석됩니다.

한 걸음 더 나아가 인공지능은 나중에 비슷한 상황이 왔을 때 내가 할 말과 행동을 예측하거나 조언을 해줄 수 있습니다. 신 씨뿐만 아니라 비슷한 상황에서 행동하는 많은 사람의 데이터가 축적되어 함께 분석된다면 새로운 클라이언트를 만나는 등 아직 경험하지 못한 상황에서도 말과 행동에서 나타날 특성을 예측해 도움을 줄 수 있지요. 예를 들어 새 클라이언트와 미팅을 앞두고 미팅 장소에 들어서면서 "새로운 클라이언트와 첫 미팅을 할 때 목소리가 평소보다 과하게 높아지고 말의 속도가 1.5배 빨라지는 경향이 있습니다. 신뢰감을 줄 수 있도록 낮은 피치와 느린 속도를 유지하세요"라고 말입니다.

2035년 신 씨의 하루, 어떤가요? 편해 보이기도 하지만 한편으로는 등골이 서늘해지는 이들도 있을 듯합니다. 내가 인지하는 수준의 데이터보다 더 많은 데이터가 수집·저장·분석된다면 분명 나보다 그 데이터를 분석하는 인공지능이 나를 더 잘 아는 상황이 올 수 있을 테니까요. 인공지능이 축적된 정보를 기반으로 미래를 예측한다는 측면에서 어쩌면 스티븐 스필버그 감독이 만들고 톰 크루즈가 주연한 〈마이너리티 리포트〉가 현실이 될 가능성이 있겠다는 생각도 드네요. 이런 경우 발생할 문제도 적지 않겠지요. 예를 들어, 개인 사생활과 금융 정보 등이 노출되어 보호받아야 할 일상이 공개되거나 금융 사고로 연결되어 개인 또는 사회적으로 큰 문제를 일으킬 수 있습니다. 앞으로 데이터 기반의 기술 발전뿐만 아니라 데이터의 수집·보관·삭제에 대한 프라이버시 보호 관련 법적·사회적 논의가 활발해야 하는 이유입니다.

이제 신 씨의 일상을 가능하게 하는 XIA, 즉 확장현실, 사물 인터넷, 인공지능이 불러올 변화를 조금 더 구체적으로 알아볼까요?

5장

확장현실, 비현실의 현실화

우리는 일상생활에서 무엇을 한다는 생각 없이 그냥 스마트폰이나 PC로 인터넷이라는 가상의 공간에 접속해 무엇인가를 찾거나 활용합니다. 그리고 사람들은 오프라인에서 실제로는 한 번도 만나보지 못한 이들과 온라인에서 친숙하게 소통하고, 또 직접 한 번도 가보지 못한 공간도 유튜브를 통해 마치 방문한 것처럼 친숙하게 느낍니다. 하지만 눈, 코, 귀, 입 그리고 손과 발은 현실에 머물러 있으므로 사람들은 아직까지 온라인 세상과 오프라인 세상을 명확히 구분하며 삽니다.

그렇게 구분하는 이유로 기술적으로는 첫째, 스마트폰, 텔레비전, 모니터 등 기기에서 구현되는 2차원 멀티미디어 콘텐츠라는 한계가 있습니다. 둘째, 실제 오프라인 공간에서 느끼는 냄새, 바람, 감촉을 느낄 수 없다는 한계 같은 제약 요인도 있습니다. 만약 그 기술적 제약이 제거되고 언제 어디서나 접속해서 어느 곳이든 갈 수 있는 온라인 디지털 속 생활에 사람들이 더 익숙해진다면, 굳이 온라인과 오프라인을 구분할 필요가 있을지 또는 구분할 수 있을까 의문도 듭니다.

이러한 질문을 스티브 스필버그 감독의 〈레디플레이어 원〉이라는 영화에 투영해본다면, 어쩌면 온라인 디지털 공간인 가상 세상 속에서 사람들이 더 편안하고 더 자유로울 수 있겠다는 생각도 듭니다. 오아시스라는 가상 세상에서 사람들은 실제 현실과 다른 새로운 내 신원을 스스로 선택하며, 어디든 갈 수 있고 무엇이든 할 수 있기 때문이지요. 그런 측면에서 가상 세상 속 공간은 어색함과 불편함이 없다면 현실 세상의 속박과 제한이 풀어져 진정한 의미에서 자유의 공간이 될 수도 있을 듯합니다.

물론 가상 세상이 오프라인의 실제 세상과 완벽하게 같아질 수는 없겠지만, 이제 시작되는 새로운 20년의 혁신은 그 간격을 줄이는 기술을 개발하고 제품과 서비스를 만들어 사람들의 일상을 변화시켜나갈 것입니다. 먼저 시각과 청각적 관점에서 2차원 콘텐츠를 3차원 360도 콘텐츠 공간으로 만들어줄 테지요. 이를 가능하도록 확장현실과 홀로그램 기술과 그 기술을 뒷받침하는 보완자산이 만들어지고 있습니다. 또 3차원 360도 콘텐츠 공간 속에서 실감·현장감을 느끼게 해주는 냄새, 바람, 감촉 등 시각과 청각 외에 다른 감각을 자극하는 사물 인터넷 기술이 함께 연구·개발되며 발전하고 있습니다.

● 미디어 진화: 3차원 360도 콘텐츠로 ●

사람들이 사용하고 또 그 속에 녹아들 콘텐츠는 미디어^{매체}라는 그
릇에 담겨 전달됩니다. 미디어의 진화를 본다면, 향후 콘텐츠와 함
께할 사람들의 생활 변화를 유추할 수 있습니다. 미디어는 문자^{text}로
시작해 사진^{image}으로 진화하고 거기다 음성^{voice}이 추가된 비디오 등
멀티미디어로 발전해왔습니다. 이처럼 미디어는 사람들이 더 실제
와 유사한 실감 그리고 현장감을 느끼도록 발전해왔지요. 지금까지
2차원 영상은 대형 고화질로 더 실감 나는 콘텐츠로 진화해왔습니
다. 현재 우리가 일상생활에서 사용하는 텔레비전, PC, 스마트폰 등
기기들은 대부분 2차원 비디오 콘텐츠를 생성·유통·소비합니다.
그리고 관련 기술들도 이에 맞추어 점진적으로 발전해왔지요.

　하지만 5G라는 새로운 인프라가 구축되면서 더 현장감 있는 3차
원 360도 공간 콘텐츠 세상으로 바뀌는 변화가 나타나고 있습니다.
그 변화의 출발점은 앞으로 20년간 새로운 혁신의 기반이 되고 3차
원적, 360도 공간 콘텐츠를 담은 확장현실입니다. 그리고 조금 더 먼
미래를 보면 화면에 표시되는 확장현실을 넘어 공간에 구현되는 홀
로그램이 발전할 것입니다.

확장현실의 정의

최근에야 확장현실이라는 말이 새롭게 정의되어 활용될 뿐 그전에
는 증강현실, 가상현실, 혼합현실^{Mixed Reality, MR} 등의 용어로 구분했습
니다. 확장현실을 의미하는 XR은 X 현실^{Reality} 또는 확장현실^{eXtended}

Reality을 의미하며 기존의 AR, VR, MR을 모두 포괄하는 단어로 재정의됩니다. 이는 마치 스마트폰이 나오기 전에 멀티미디어폰, 피처폰, 업무용폰, 뮤직폰, 카메라폰 등 다양하게 구분하던 것들이 스마트폰으로 통일된 것과 같다고 보면 되지요. 여기서 X는 모든 것everything 또는 아직 나오지 않아 정의되지 않는 무엇인가도 포함한다는 의미로 쓰였습니다. 그래서 확장현실은 기존의 관련 개념을 포괄하는 관점에서 AR, VR, MR 등을 모두 포함하며 앞으로 나올 다양한 정의를 포괄할 수 있는 '확장'된 현실eXtended Reality, 이하 XR로 정리할 수 있습니다.

확장현실이 AR, VR, MR 대비 적합한 단어인 이유는 두 가지로 설명할 수 있습니다. 첫째, 확장현실은 경계가 모호해 불명확한 단어들의 범위를 넓혀 포괄적 관점에서 개념을 명확하게 해줍니다. AR와 VR에 대한 개념이 나올 때까지는 그 경계가 명확했습니다. 증강현실은 현실 세상에 데이터 등 가상 세상을 투영해 현실을 더 풍성하게 만들어주는 부가적 현실이었습니다. 그리고 가상현실은

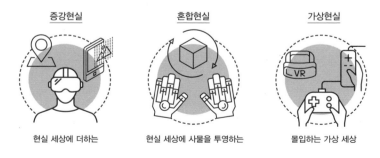

포괄적 관점으로 바라본 확장현실의 정의

증강현실	혼합현실	가상현실
현실 세상에 더하는	현실 세상에 사물을 투영하는	몰입하는 가상 세상

현실이 아닌 말 그대로 디지털로 만들어진 가상 세상입니다. 하지만 혼합현실은 그 정의가 AR와 VR 사이 어딘가이거나 이들 AR와 VR의 일부를 포함하는 모호한 의미로 활용되었습니다. 이에 포괄적 의미로 확장현실이라 정의하는 것이 오히려 모호한 구분을 없애 의미를 더 명확하게 만듭니다.

둘째, AR, VR, MR은 같은 생태계를 활용합니다. AR, VR, MR을 위한 기기, 콘텐츠, 플랫폼, 네트워크 등이 각각 개발 · 발전되는 것이 아니라 서로 공유하며 하나의 생태계를 활용하기 때문에 이들 간 차이도 점점 없어지고 있습니다.

홀로그램의 정의

홀로그램Hologram이라는 용어는 '전체완전한'라는 의미의 그리스어 'Holos'와 '메시지'라는 의미의 'gramma'의 합성어로, 홀로그래피라는 기술을 이용해 물체의 영상이 기록된 미디어 또는 재현된 영상을 의미합니다. 여기서 홀로그래피Holography 기술은 두 가지 빛 또는 파동이 서로 만나 포개져 강해지거나 약해지는 간섭 효과를 이용해 실물의 3차원 정보를 기록하는 기술입니다.

홀로그래피와 포토그래피사진는 다릅니다. 영상의 '차원Dimension'과 '깊이Depth'의 표현 수준 차이 때문입니다. 즉, 포토그래피는 물체 각 점의 광세기를 기록해 그 명암상을 만들다 보니 입체감이 없으나, 홀로그래피는 진폭과 위상을 간섭무늬로 기록하므로 완전한 입체상을 얻을 수 있습니다.

그 기본 원리는 레이저 빛을 이용해 피사체에 직접 비추어 울퉁불

통한 표면에 빛이 여러 방향으로 반사되어 나타나는 난반사된 물체광과 거울에 반사된 참조광이 서로 포개져 간섭해 만들어진 간섭무늬를 매체에 기록해 생성하는 것이지요.

새로운 20년 혁신 기간은 확장현실 활성화가 중심

5G가 가능하게 할 언제 어디서나 100Mbps 속도 보장과 최고 1ms의 초저지연성은 확장현실이 제 성능을 다하는 기반이 될 것입니다. 확장현실을 구현하려면 최소 25Mbps 속도, 최대 7ms 저지연성이 보장되어야 하는데, 5G 기술이 안정되면 충분히 지원이 가능할 텐데요, 단, 홀로그램을 위한 이동통신망의 안정적 지원은 5G를 넘어 6G에서도 어려울 듯합니다. 6G 기술의 최대 속도는 1Tbps로 정의되고 있는데 홀로그램은 4Tbps가 최소 요구 사항이라, 현재 압축 기술로는 7G가 되어서야 홀로그램이 보편적으로 구현될 것 같습니다.

확장현실을 구현하기 위한 데이터 속도와 지연성[30]

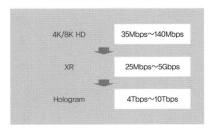
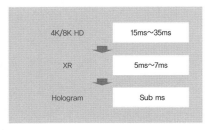

---

30) Towards a new internet for the year 2030 and beyond(Richard Li, 2019).

● 확장현실, 스마트폰을 잇는 차세대 플랫폼 ●

컴퓨터 시스템, 엔터테인먼트, 전화 영역에서 스마트폰이 갖고 있는 다양한 역할을 확장현실이 흡수 또는 수렴한다고 스마트폰의 두뇌 ^{Application Process, AP} 최대 제조사인 퀄컴이 언급했습니다. 지난 20년의 혁신을 통해 크기는 작아지고 무게는 가벼워지면서도 컴퓨팅 성능은 높아지고 디스플레이는 커진 스마트폰은 다양한 기기의 기능을 흡수하며 사람들이 디지털 온라인 세상과 만나는 접점에 있었습니다. 하지만 이제 스마트폰의 이점을 고스란히 물려받으면서도 새로운 3차원 360도 콘텐츠의 이점을 확장현실이 극대화할 것으로 기대됩니다.

확장현실이 스마트폰의 기능을 그대로 이어받으면서도 더 좋아

스마트폰을 이을 새로운 혁신, 확장현실[31]

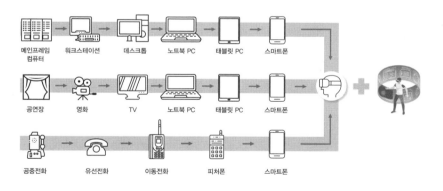

31) XR(SwartHugo, 2019).

지는 것이 있습니다. 첫째, 앞서 언급했듯 현실적이고 현장감 있는 콘텐츠 사용과 커뮤니케이션이 가능해집니다. 둘째, 3차원 360도 콘텐츠의 이점인 공간이라는 새로운 요소가 콘텐츠에 포함되는 등 공간 콘텐츠에 기반한 새로운 서비스와 제품이 확산됩니다. 셋째, 스마트폰을 사용할 때 항상 얽매이는 한 손 또는 양손이 자유로워져더 직관적인 콘텐츠 소비와 커뮤니케이션이 가능해집니다. 즉 스마트폰보다 더 실감 나고 현장감 있게 콘텐츠를 소비하는 커뮤니케이션 환경을 제공하기 때문에 확장현실이 스마트폰을 이을 차세대 혁신이라 여겨집니다.

● 실감 기술 사례 ●

확장현실을 더 실감 나게, 현장감 있게 구현하도록 지원해주는 보완자산이 만들어지고 있습니다. 이는 스마트폰을 넘어서 확장현실만을 위한 보완자산으로, 이를 통칭해 실감 기술Immersive Technology이라고 합니다. 우선 실감 기술은 실제 세계와 디지털 세상의 경계를 허물어 진짜같이 실감 나고 몰입감 있는 콘텐츠 환경을 만드는 기술로 정의할 수 있습니다. 실감 기술은 세 가지 영역으로 구성되어 있는데 첫째, 시각, 청각, 촉각, 후각, 미각 등 5감을 구현하는 하드웨어와 기기 기반 소프트웨어입니다. 둘째, 디지털 가상 세상을 구현하는 소프트웨어 · 서비스 · 인공지능 등 소프트웨어입니다. 셋째, 이를 사람들이 인지할 수 있는 인터페이스 기술이 있습니다. 이러한

실감 기술

실감 기술의 정의

● 실제 세상과 디지털 세상의 경계를 허물어서 실감 · 몰입감(Immersive eXperience)을 만드는 기술

실감 기술 구성 기술들과 관련 영역

지각	소프트웨어	상호 작용
● 시각(Vision) ● 청각(Auditory) ● 촉각(Tactile) ● 후각(Olfaction) ● 미각(Gustation)	● 디지털 · 가상현실 구현 S/W ● 인공 지능	● 뇌-컴퓨터 인터페이스 ● 신체 동작 인식 ● 음성 인식 ● 모션 플랫폼

360° 콘텐츠	XR&입출력기기

S/W, AI 등 콘텐츠와 기기 및 이를 아우르는 서비스에 적용

부분들이 어우러져 확장현실이 제 성능을 내고 그 효과를 더 풍성하게 만들 것으로 보입니다.

확장현실의 기본인 3차원 360도 콘텐츠 생성

360도 콘텐츠는 360도 영상 촬영 장비를 활용해 제작한 콘텐츠를 의미합니다. 현재 텔레비전, 스마트폰 등에서 활용되는 2차원 콘텐츠와 다르게 촬영 후 360도 3차원 영상을 구현하기 위해 후처리 작업이 반드시 필요합니다. 이 부분도 자동으로 처리되거나 일반인이 사용할 수 있는 수준으로 편의성이 높아져야 일반 소비자용 시장에서 360도 콘텐츠 제작이 활성화될 것입니다.

확장현실의 360도 콘텐츠를 구현하기 위한 기술도 조금씩 발전 · 확산되고 있습니다. 그 대표적인 예가 복셀 기술과 볼륨메트릭 기술인데요, 복셀Voxel은 '부피를 가진 픽셀Volume+Pixel'이라는 뜻으로 픽셀이 눈에 보이는 평면을 2차원적 점인 화소라면 복셀은 6면을 3차

복셀 기술과 볼륨메트릭 기술[32]

복셀 기술의 상용화

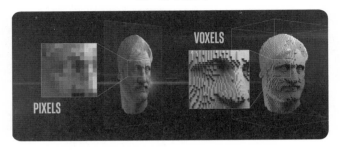

- 복셀은 '부피를 가진 픽셀(Volume+Pixel)'이라는 뜻으로 픽셀이 눈에 보이는 평면을 2차원적 점으로 기록한다면 복셀은 6면을 3차원으로 기록

  - Pixel: 전면 시야를 기록하여 입체처럼 보여도 실제는 평면영상 2D 구현
  - Voxel: 전체 공간을 기록하여 어느 시점에서도 입체로 보이는 3D 구현

- Pixel: Voxel = 시점 변경 불가 : 시점 변경 가능

볼륨메트릭

- 볼륨메트릭은 눈에 보이는 공간을 픽셀 기반으로 기록하는 2차원 영상과 달리 눈에 보이지 않는 시각의 반대편 공간까지 3차원으로 저장하는 기술

- 볼륨메트릭 동영상은 기록된 공간 내의 어느 시점에서나 재생할 수 있어 영화 · 드라마, 여행 체험, 온라인 쇼핑, 부동산 거래 등에 폭넓게 활용 가능

---

32) 5G와 초실감 기술이 만드는 新디지털 라이프(NIPA, 2019).

원적으로 기록한 화소입니다. 복셀을 기록하는 방법으로 볼륨메트릭은 눈에 보이는 공간뿐만 아니라 눈에 보이지 않는 반대편 공간까지 전체 공간을 3차원으로 저장하는 기술이지요. 그래서 이들 기술이 적용된 콘텐츠는 사람들이 어느 시점에서 재생해 보더라도 3차원적으로 보이도록 공간을 기록했다고 할 수 있습니다.

볼륨메트릭 기술을 적용해 360도 3차원 콘텐츠를 제작할 수 있는 스튜디오도 세계 각지에서 건설되고 있습니다. 현재 인텔은 이미 세계 최대 규모의 스튜디오를 미국 로스앤젤레스에 건설했습니다. 이에 반해 MS는 미국 샌프란시스코와 로스앤젤레스, 영국 런던, 한국 서울에 중소 규모의 스튜디오를 설립해 지역 국가별 확장현실 콘텐츠를 개발하기 위해 지원하고 있습니다.

확장현실 구현 기기

확장현실을 구현하는 기기들은 2019년까지는 외부 환경 요인에 영향을 덜 받고 조금 더 현장감 있는 콘텐츠 환경을 구현하려고 시각을 모두 덮는 HMD$^{Head\ Mounted\ Device}$ 타입으로 많이 개발되어왔습니다. 하지만 HMD는 일단 무겁고 모두 덮는 형태라 일상생활에서 사용하기에는 불편합니다. 확장현실이 보편화되려면 그 기기 저변이 확대되어야 하므로 일반인이 일상에서 사용할 수 있는 수준으로 편의성이 좋아져야 합니다. 이에 2020년부터 VR을 포함한 확장현실 기기로 일상생활에 적용 가능한 안경 타입으로 연구·개발되는 현황이 많이 알려졌습니다. 페이스북의 페이스북 현실연구소$^{Facebook\ Reality\ Lab}$에서는 안경 타입 VR 글래스의 프로토타입을 성공했다고 밝히기도 했습니다.

확장현실을 구현하기 위한 주변 기기

확장현실은 직접 착용하므로 스마트폰과 달리 기기를 손으로 잡고 있지 않아도 됩니다. 그래서 양손이 자유로운데요, 현재 확장현실 영역에서 입력기술은 두 손을 현실 세상에서 사용하는 것처럼 그리고 착용하는 데 덜 불편한 방향으로 발전되고 있습니다. 또 손뿐만 아니라 몸의 움직임을 활용해 게임 등 서비스에서 이용하는 수준은 이제 가능해졌습니다. 아직 산업 환경 또는 특정 게임을 이용하는 특화된 입출력 기기이기는 하지만, 앞으로 더 풍부하고 현장감 있는 실감 콘텐츠 환경을 구현하는 방향으로 지속적으로 개선될 것입니다.

현재의 확장현실 입력 기기: 손과 팔[33]

컨트롤 기기 없이 구동 예시

---

33) Leap Motion Goes Mobile(HOLZDAVID, 2016). Cyberglove 시스템의 웨어러블 기기(http://www.cyberglovesystems.com/).

팔 기능 구현 기기 예시

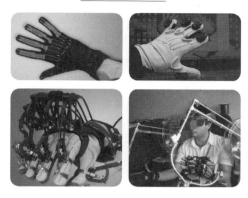

현재의 확장현실 입력 기기: 몸[34]

VR 트레드밀 사용 예시

---

34) Virtuix(virtuix, 2020), Flying the Birdly Virtual Reality Simulator(Adam Savage's Tested, 2014).

6장

·

사물 인터넷, 사물과도 사람들과
이야기하듯 소통하다

·

5G가 이전 세대 이동통신 기술과 확연히 다른 것은 연결의 주체가 사람에서 사물[35]로 확대된다는 점입니다. 4G까지 접속에 대한 측정 지표는 한 셀당 또는 1㎢당 접속되는 이용자 수였는데요, 그 이유는 많은 경우 인당 스마트폰이 1대 또는 많아도 2대로 사람들 대부분이 스마트폰으로 온라인 가상 세상에 접속하기 때문입니다. 하지만 5G 부터는 1㎢당 100만 기기로 그 측정지표가 이용자가 아닌 접속 기기로 바뀝니다. 이는 앞으로 연결의 주체가 사람이 아닌 다양한 사물로 확대되며, 사람보다 사물이 더 많기 때문에 어쩌면 사물이 결

---

35) 사물의 의미는 네이버 사전에 따르면 '일과 물건을 아울러 이르는 말' '물질세계에 있는 모든 구체적 이며 개별적인 존재를 통틀어 이르는 말'이라고 되어 있다.

국 연결성의 주체가 된다는 의미로 해석될 수 있습니다.

아직 5G 인프라가 제대로 설치되지 않은 상황에서 과거 3G 시대를 돌이켜보면 앞으로 사물 인터넷으로 나타날 새로운 변화에 대한 실마리를 얻을 수 있습니다. 사실 스마트폰이 등장하고 또 활용할 수 있었던 것도 멀티미디어를 실어 나를 수 있는 데이터통신이 3G부터 가능했기 때문인데요, 즉 3G의 가장 큰 특징인 데이터통신이 스마트폰 시대를 가능하게 했다는 것이고, 5G의 가장 큰 특징인 사물 인터넷 통신이 앞으로 세상을 사물 인터넷 시대로 만들 거라는 의미로 이해할 수 있습니다.

● 사물들이 소통하는 세상[36] ●

사물 인터넷은 포괄적 의미에서 기기, 물건, 동식물 등을 포함한 다양한 사물이 인터넷과 연결되는 컴퓨팅 환경으로 정의할 수 있습니다. 좀 어렵지만 통신 · 인터넷에서 글로벌 표준을 정의하는 두 전문기관이 초기에 정의한 내용을 살펴보면 조금 더 깊이 있는 내용을 알 듯해 예를 들어봅니다. 먼저 글로벌 통신기술 표준화 기구인 ITU International Telecommunication Union에서는 사물 인터넷을 '이미 존재 또는 진화하는 상호 호환 가능한interoperable 물리적 또는 가상의 사물들

---

36) IoT 시대, 모바일 시대와 달라지는 3가지(신동형, 2104).

이 연결된 새로운 정보화 사회를 위한 글로벌 인프라'로 정의했습니다. 또 인터넷 표준화 기구인 IETF^{Internet Engineering Task Force}도 '사물 인터넷은 표준에 기반한 고유 식별 가능한 사물들이 상호 연결된 글로벌 네트워크'라고 정의하기도 했습니다.

이들 기관의 정의에서는 '상호 호환' '물리적 또는 가상' '고유 식별 가능한' '사물' '글로벌' '인프라'라는 단어를 주요 키워드로 뽑을 수 있습니다. 또 사물은 소물에서 더 다양하게 만물로 그 범위를 정할 수 있습니다. 그리고 사물 인터넷이 확대될 기반이 마련되고 있는데, 5G를 통해 사물 인터넷망이 정의되었고 그 저변이 확대될 기반이 마련되었습니다. 망이 준비되고 있으니, 서비스의 목적과 이에 활용될 사물의 범위는 정리해야 다양한 기술 표준이 세부적으로 정리될 테지요.

소물 인터넷

사물 인터넷이라는 용어를 처음 사용한 곳은 미국 매사추세츠공과대학^{MIT}의 오토 아이디랩^{Auto ID Lab}이라는 연구소였는데요, MIT 간행물인 《MIT 테크놀로지 리뷰》 특집편에 따르면 IoT는 저성능^{Dumb}을 포함한 소형 컴퓨터가 사물^{Object}에 부착된 컴퓨팅 환경이라고 정의했습니다. 그리고 이러한 소형 컴퓨터들은 컴퓨팅보다 주변 환경 데이터를 수집 · 전송 · 관리하는 역할에 더 집중할 거라고 했지요. 또 이를 구현하고 보편화하려면 얼마나 더 작은 크기로, 더 저전력으로, 더 저렴하게 구현하는지가 관건이라고 밝혔습니다. 예를 들어 IoT 환경에서는 콜라캔에 소형 컴퓨터가 부착될 수도 있고, 심지어 일회용 빨대나 컵 등에도 부착되어 데이터 생성·통신이 가능할 수 있을 것입니다. 콜라캔과 일회용 제품에 부착될 소형 컴퓨터들은 굳이 지금 컴퓨터들이 하는 것처럼 멀티미디어 콘텐츠를 구현하는 고성능 컴퓨팅은 필요 없습니다. 이들은 간단히 식별정보만 인식할 수 있고, 위치정보 또는 제품정보 등 관련 데이터와 연결하는 통신 기능만 있어도 충분합니다.

이처럼 사물 인터넷 초기 개념에서는 '저성능'에 주목했습니다. 많은 경우 초기 개념에 제품 또는 서비스의 철학이 담기기 마련인데요, 그런 관점에서 진정한 의미에서 사물 인터넷의 출발점은 '저성능 컴퓨팅'이 아닐까 합니다. 저성능 컴퓨팅 기기들이 연결되어 운영되는 환경은 한번에 전송되는 데이터양이 적기 때문에 '가벼운 연결'이라고 할 수 있습니다. 상대적인 개념으로 한번에 대용량 데이터가 전송되는 기존의 PC와 스마트폰 중심의 멀티미디어를 위한 컴퓨팅 환경은 '무거운 연결'이라 정의할 수 있습니다.

가벼운 연결과 무거운 연결의 특징을 살펴보면, 가벼운 연결 환경 속 기기는 컴퓨팅 성능이 낮아도 되고, 굳이 스크린이 없거나 소형이어도 됩니다. 이처럼 '저성능' 기기들이 '가벼운 연결'을 한 환경은 작고 가벼운 사물들이 중심이기에 소물 인터넷Internet of Small Things이라고 부를 수 있습니다. 소물 인터넷 환경에서 송수신되는 데이터는 멀티미디어 콘텐츠처럼 몇십 또는 몇백 Mbps 수준의 대용량일 필요가 없고, 몇 킬로바이트메가바이트의 1/1,000 수준이면 충분한데요, 컬럼비아대학의 피터 킹겟Peter Kinget 교수는 초당 1킬로비트킬로바이트의 1/8 데이터 전송 수준이 사물 인터넷의 영역이라고 했습니다. 이에 반해

무거운 연결과 가벼운 연결

무거운 연결(멀티미디어 중심)	사용 주체	가벼운 연결(소물 데이터 중심)
사람	사용 주체	사물
많음	사용자 관여	적음(자동화)
스마트 기기	연결의 중심	데이터
융합·집적화	산업 내 핵심 패러다임	연결·전문화
새로운 기능 추가(+)		중복 기능 제거(-)
고성능	기기의 컴퓨팅 파워	저성능
대용량 멀티 미디어 콘텐츠	주로 사용되는 데이터 형태	소량 메시지
크면 클수록 좋은 스크린 또는 XR 기기	스크린 크기	작거나 없어도 무방
대용량 고속 네트워크	중심이 되는 네트워크 형태	저렴하고 안정적인 네트워크

무거운 연결은 높은 컴퓨팅 성능과 이를 출력해줄 더 큰 스크린이 필요합니다.

소물 인터넷 세상이 자리를 잡게 된다면 정보가 지금보다 더 투명하게 연결될 텐데요, 이 경우 불편한 관찰과 관리는 없어지며, 수립된 데이터를 통해 많은 활동이 자동화할 것입니다. 우리가 마시는 콜라를 예로 들면 IoT 환경에서 콜라 제조사와 유통기업들은 소물 인터넷이 적용된 콜라캔으로 언제 제품이 생산되었으며, 어디로 배송되고 있는지, 그리고 언제까지 판매될 때 가장 맛이 좋은지 등을 판단해 배송·판매 전략에 활용할 수도 있습니다. 그리고 콜라를 구매한 고객들은 '언제까지 마실 때 맛이 가장 좋은지, 콜라의 칼로리는 얼마인지' 등을 확인해 자신의 기호, 건강 정보를 연동해서 활용할 수 있습니다.

만물 인터넷

소물 인터넷은 5G의 특징 중 mMTC 적용 영역으로 볼 수 있습니다. 그뿐만 아니라 사물 인터넷은 URLLC에 해당하는 정밀 제조 공정의 자동화, 원격 수술 등 고도의 즉시성과 안정성을 요구하는 특수 환경에서도 구동되는 연결 환경도 포함합니다. 그 연결성의 범위를 조금 더 확장한 개념도 나왔는데요, 만물 인터넷Internet of Everything, 이하 IoE이 바로 그것입니다. 만물 인터넷은 직접 사물이 인터넷망에 접속하는 것을 넘어서 접촉 또는 꼬리표Tagging로도 데이터를 생성·전달하는 연결까지 포함하는 환경입니다. 이로써 데이터를 생성하고 전송하는 컴퓨팅 성능이 없어도 단순 데이터를 기록 저장하는 사물들도 인터넷의 범주에 포함될 수 있습니다.

이처럼 사물 인터넷의 영역은 소물 인터넷에서부터 만물 인터넷까지 다양한 범위를 포괄할 수 있기에 비록 만물 인터넷이 더 넓은 범위이기는 하지만 보편적 관점에서 사물 인터넷을 전체를 포괄하는 단어로 사용하겠습니다.

사물 인터넷이 소물 인터넷 그리고 만물 인터넷으로 연결 대상의 범위가 넓어진다는 것은 지금보다 더 많은 사물이 다양한 상황을 데이터화한다는 의미입니다. 또 이를 구성하는 산업도 함께 변화할 것입니다. 사물 인터넷이 즉각적인 반응과 안정성이 중요한 의료 및 생산 공정과 같은 특정 영역에 우선 적용될 것이고, 또 향후 더 저렴하게, 더 저전력으로, 또 더 오래 사용할 수 있도록 기기와 그 인프라들이 구축될 것입니다. 그리고 사물 인터넷으로 데이터를 저장·가공하는 IDC 센터 관련 반도체 및 부품 산업이 더욱 성장할 것입니다. 서비스 관점에서는 사물 인터넷이 생성한 데이터들을 생산 · 마케팅 등 의사결정의 핵심 요소로 다양한 활용 분야에서 데이터화 · 자동화 등이 진행될 것입니다.

사물 인터넷 시장 규모

글로벌 사물 인터넷 기기 시장은 2020년 129억 개로 추정되며 2030년에는 285억 개 수준으로 확대될 것으로 예상합니다. 5G 확산 이전에는 주로 통신용 기기 중심으로 사물 인터넷 기기가 존재했습니다. 하지만 5G가 새로운 인프라로 확산되면서 산업용, 일반 소비자용, 자동차 · 의료용까지 사물 인터넷 기기가 설치되어 더욱더 다양한 영역으로 확대될 것입니다.

글로벌 사물 인터넷 기기 시장 발전 추이(단위: 십억 개)[37)]

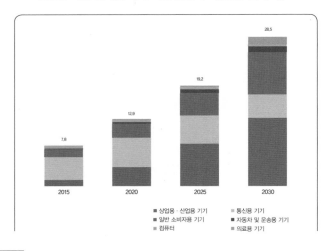

37) IoT Market Overview(MorelliBill, IoT Market Overview, 2018).

- 상업용·산업용이 소비재용 대비 향후 더 빠른 성장이 예상됨
  - 15~25간 연평균 상업·산업용 IoT 성장률 21.0% 대비 소비재용 11.1% 성장률 전망
- 상업용·산업용 기기들이 소비재 및 스마트폰을 포함한 커뮤니케이션용 기기보다 더 많아질 전망
  - 상업·산업용 기기들은 2020년 소비재 사물 인터넷 기기를 넘어설 전망
  - 상업·산업용 기기들은 2025년 스마트폰을 포함한 커뮤니케이션용 기기를 넘어설 전망

● 5G, 보편적 사물 간 연결성을 가능하게 하다 ●

5G가 4G 등 그전 이동통신 기술 대비 가장 큰 차이점은 사물 인터넷 서비스를 별도 망 투자 없이 5G 셀룰러 망을 통해 제공할 수 있다는 것인데요, 지금까지 통신망을 통한 연결 주체는 사람이었지요. 통신망은 사람들끼리 직접 통화하거나 문자를 보내는 것에서 사람이 PC나 스마트폰으로 온라인 세상에 접속하는 것에 이용되었습니다. 하지만 사물 인터넷 세상에는 사람을 포함한 사물이 연결 주체가 될 텐데요, 사물이 사람과 직접 연결될 수도 있고 사람을 배제하고 사물끼리만 직접 연결하며 소통할 수도 있습니다.

사물 인터넷 전용망[38]

사물 인터넷 서비스는 5G가 도래하기 전에도 이미 존재했습니다. 일부 지역에서는 가스·전기·수도와 같은 기반 시설에 접목되어

---

38) 사물 인터넷망 비즈니스 가시화되고 있다(신동형, 2015).

사용량을 측정하는 데 이용되기도 했고, 주차 공간 여부를 원격에서 확인하거나 쓰레기통을 관리하기 위해 쓰레기양을 측정하는 데 활용되기도 했지요. 이러한 사물 인터넷 서비스는 전용망을 통해 제공되었습니다. 그 전용망 기술들은 2010년 전후로 출시되었습니다. 그 이유는 3G와 4G 시대까지 이동통신 기술과 망은 피처폰 또는 스마트폰용이라서 저전력, 소량의 데이터통신을 위한 별도 망이 필요했기 때문입니다. 이를 위한 전용망을 LPWAN^{Low-Power, Wide Area Network}이라고 하는데요, LPWAN이 제 성능을 발휘하려면 세 가지 요구 사항을 충족해야 합니다.

첫째, 모뎀칩 등 반도체와 망 사용료가 저렴해야 합니다. 이는 부품가격 또는 사용료가 저렴하면 저렴할수록 더 많은 기기에 적용 가능할 수 있기 때문입니다. 둘째, 소비전력이 낮아야 합니다. 이는 설치 후 방치하더라도 꾸준히 작동하는 영역에 많이 적용될 것이므로 별도의 교체 비용, 업무가 없거나 최소화되어야 하지요. 마지막으로 망 투자 비용을 낮추어야 하는데, 기지국 구축 비용 등을 전반적으로 줄여야 합니다.

사물 인터넷이 스마트폰 이후 새로운 사업 기회로 2010년대 중반부터 전 세계적 관심을 받았습니다. 당시 글로벌 관점에서 시그팍스^{SigFox}가 관심을 가장 많이 받았는데요, 그 외 한국에서는 로라^{LoRa}망을 중심으로 통신사업자들이 사물 인터넷에 관심을 두고 전용망 서비스를 출시했습니다.

먼저 프랑스 기업인 시그팍스는 2017년까지 총 2.8억 유로의 투자를 받아 사물 인터넷 전용망의 효시가 되었습니다. 시그팍스 설립자는 "일반적인 셀룰러, 와이파이 등 모바일 망은 일반 사용자들이 전화하거나 멀티미디어 콘텐츠 소비를 지원하는 데 최적화되어 있다. 하지만 사물 인터넷을 현실화하려면 저전력으로 구동되는 사물을 위한 전용망이 필요하다"라고 그 설립 배경을 설명했지요. 시그팍스는 배터리 교체 없이 몇 년간 사용하도록 '저전력' 기반으로 1년에 기기당 1~12달러에 사용 가능한 '저비용' 서비스를 지향했습니다.

이를 구현하기 위해 시그팍스는 하루 최대 12바이트짜리 메시지를 최고 140회까지 전송할 수 있도록 했습니다. 그러면서 그들은 12바이트면 기기 위치, 에너지 소비량, 알람과 간단한 센서 정보를 전달하는 데 충분하다고 밝혔지요. SKT의 투자도 받았으나 SKT는 한국에 사물 인터넷 전용망으로 로라를 활용했습니다.

로라는 LoRaWAN^{Long Range Wide Area Network}의 약자로, 미국의 반도체 기업 샘테크^{SemTech}가 IBM 리서치와 함께 개발한 기술인데요, 이들은 이동통신 기술인 CDMA 기술을 기반으로 하므로 전력 소모는 시그팍스보다 좀 많을 수 있지만, 상대적으로 전파 간 간섭이 적고 통신사업자들에게 익숙해서 통신사업자를 중심으로 채택되었습니다.

이밖에도 NB-IoT^{Narrow Band IoT} 등 사물 인터넷 전용망 기술이 선보였지만, 별도의 망 구축과 이를 지원하는 통신용 모듈 반도체 개발, 양산 등 기술의 시장 표준화 이슈, 개발 및 운영 비용 문제 등으로 시장에서 자리 잡지 못했습니다. 그리고 사물 인터넷 서비스를 위한 망 기능을 5G가 흡수하며 이제 더는 사물 인터넷 전용망 이야기는 나오지 않습니다.

사물 인터넷 전용망을 보편적 이동통신망으로 흡수한 5G

5G의 mMTC 속성은 기존의 시그팍스, 로라, NB-IoT망 등 소물 인터넷을 위한 사물 인터넷 속성을 5G로 흡수하려는 것이지요. 그 덕분에 5G와 함께 사물 인터넷 서비스를 위한 별도 망을 구축할 필요가 없어졌습니다. 그리고 앞으로 이 속성은 5G 이동통신 기술과 망의 중요한 특징으로 자리 잡고 6G 이후에도 계속 발전할 테지요. 5G에서는 그전 4G 대비 500배 더 많은 기기가 접속할 수 있으며, 6G에서는 5G보다 10배 더 많은 기기가 연결될 것으로 기대됩니다.

또 사물 인터넷용 반도체도 시장 표준이 결정되면 규모의 경제가 적용되어 제조 단가가 급격히 떨어질 수 있으므로 확산 잠재성은 시간이 갈수록 더욱 커질 것입니다. 하지만 사물 인터넷이 제대로 구현되려면 완전 단독형 5G^{SA} 방식으로 네트워크 슬라이싱 기술이 잘 적용된 5G망이 더 폭넓게 안정적으로 구축되어야 합니다. 그래서 사물 인터넷의 확산 시점은 5G의 성능, 기능 및 커버리지 수준에 달렸습니다. 또 일단 확산되면 사물 인터넷이 우리가 상상할 수 없는 수준으로 더 확대될 것으로 기대됩니다.

● 사람처럼 소통하는 사물 ●

많은 경우 제품 또는 서비스 초기 단계의 콘셉트 또는 원형^{Prototype}으로 거슬러 올라가면 철학 또는 본질적 의미를 찾아내기 쉽습니다. 사물 인터넷이 사람들에게 많은 관심을 끌며 주류 시장에 처음 선보인 것은 2012년 모바일 월드 콩그레스에서 에릭슨Ericsson이 내놓은 사물 소셜 웹Social Web of Things이 아닐까 하는데요, 당시 스마트폰 OS 표준 경쟁에서 구글의 안드로이드 OS와 애플의 iOS로 시장 표준이 굳으면서 스마트폰과 다른 제품을 어떻게 연동할지가 관심사였습니다.

에릭슨의 사물 소셜 웹은 소셜 네트워크에 사람뿐만 아니라 다양한 사물things을 포함시켜 대상 구분 없이 소통하는 개념이었는데, 예를 들어 서비스를 위해 먼저 가정에 있는 로봇, 텔레비전, 세탁기, 전등, 히터, 에어컨을 내 소셜 네트워크에 친구로 등록합니다. 그리고 아침에 급하게 집을 나서면서 텔레비전과 전등을 끄지 못했다면, 내 사물 소셜 웹에 텔레비전과 전등이 "저를 끄지 않고 출근했는데 그냥 둘까요, 끌까요?"라는 글이 올라옵니다.

그것을 보고 내가 "텔레비전과 전등 모두 꺼주세요"라고 답변하면 "앞으로 출근 후 텔레비전과 전등이 켜져 있으면 자동으로 끌까요?"라고 한 번 더 묻습니다. 내가 "오케이"라고 대답하면 앞으로 출근할 때 가전 기구가 켜져 있으면 자동으로 꺼지게 설정됩니다.

사실 에릭슨의 사물 소셜 웹은 그다음 해부터 조금씩 줄여나갔습니다. 사물 인터넷에서 사물이 사람처럼 소통하려면 사물이 생각하고 소통하는 인공지능이 잘 뒷받침되어야 하는데요, 2012년 즈음은 아직 사물 소셜 웹을 지원할 보완자산이 든든하게 뒷받침할 수준이 아니었지요. 하지만 사물 인터넷은 이 콘셉트로 사람과 사물이 대등한 소통 대상이 되는 미래의 청사진은 제대로 보여주었습니다.

7장

데이터가 인공지능과 결합해
자동화 · 자율화를 확대하다

인공지능은 더 많은 데이터와 함께 더 발전합니다. 초기에 인공지능을 발전시켰으나 한계에 다다른 것은 완벽한 매뉴얼, 즉 완벽한 알고리즘 중심의 인공지능 때문이었지요. 하지만 경험 속에서 생성되는 데이터양이 많아지면서 학습하고 새로운 데이터로 더 강화하는 경험 중심의 인공지능이 기존의 한계를 깨고 발전하고 있습니다.

인공지능 연구는 크게 논리와 경험이라는 두 가지 관점에서 시작되었는데요, 첫째, 상황을 논리적으로 매뉴얼화해 'A라면 B한다' 'C를 보면 D한다' 'E가 되면 F한다' 등과 같이 시나리오에 따라 의미를 찾고 판단하거나 대응하는 방법이 있습니다. 이는 사람들이 생각하는 방법인 지식을 기호화한 매뉴얼로 만들었다는 측면에서 기호주의Symbolism라고 지칭합니다.

둘째, 문제에 도전해 성공하면 반복하고 실패하면 중단하는 시행 착오Trial and Error라는 경험을 바탕으로 학습·강화하는 방법이 있습니다. 이는 뇌 신경이 연결된 망을 재현해 사고의 결과물을 만들어낸 다는 관점에서 연결주의Connectionism라고 합니다. 뇌 신경망은 입력이 동일하더라도 단위들 간 연결 세기가 달라지면 출력이 달라지는 관점에서 입력되는 다양한 정보를 가중치를 두어 성공한 결과는 강화하고 실패한 결과는 중단하는 시행착오를 거칩니다. 이처럼 연결주의 방식은 지속해서 경험한 현상을 데이터로 수집·적용해 사고를 강화하고 의미를 찾아 그에 맞게 판단·대응하는 방식입니다.[39]

초기에는 컴퓨팅 성능의 한계로 수학, 퍼즐, 챗봇처럼 제한적 상황에서 매뉴얼 기반으로 판단해 대응하는 기호주의가 더 좋은 결과물을 제공했습니다. 하지만 인공지능의 적용 분야가 매뉴얼로 특정할수 있는 한정적 분야에서 보편적 분야로 늘어나면서 기호주의는 한계에 봉착했습니다. 데이터가 많아지고 컴퓨팅 성능이 더 좋아지면서 빠른 경험을 기반으로 매뉴얼이 없어도 상황을 이해하고 의미를 찾아 대응할 수 있는 연결주의가 더 각광받는 상황이 된 것이지요. 이런 상황에서 데이터가 더 다양해지고 많아진다는 것은 인공지능의 더 다양한 영역에 적용할 수 있으며, 더 고도화될 수 있다는 것을 의미합니다.

---

39) 인공지능의 역사(인실리코젠, 2020), 뇌를 모방하는 인공지능의 약진(송민령, 2016).

● 자동화·자율화의 재료: 데이터, 인공지능, AIoT ●

온도계는 온도 정보를 사람들에게 제공하지 못하면 아무 가치가 없습니다. 수집된 정보는 이용하는 대상에게 전달되어야 1차 가치가 만들어지니까요. 그리고 전달된 정보가 쌓이고 또 다른 정보와 결합할 때 새로운 부가가치가 생성됩니다.

앞으로 사물 인터넷을 통해 많은 기기가 연결되면 더 많은 데이터가 생성·유통·저장될 텐데요, 데이터로는 가벼운 연결을 통해 소물이 생산한 소량의 데이터도 있을 테고, 고화질 콘텐츠나 확장현실이 만들어낸 대용량 실감형 콘텐츠 데이터도 있을 것입니다. 이 데이터들도 사물 인터넷 초기에는 소량의 소물 데이터, 실감형 콘텐츠 데이터가 별도로 움직이다가 점차 접목되어 혼합형 데이터 형태로 진화할 것입니다. 즉, 실감형 콘텐츠에 날짜, 현장의 위치, 온도, 습도, 무게, 바람의 세기, 향기는 물론 다양한 상품 정보까지 모두 접목하면, 콘텐츠를 그날 그 장소 그대로 현장감 있게 구현 가능합니다. 또 관심 있게 보아온 가구 또는 옷 등의 정보도 즉시 확인 및 구매할 수 있습니다.

실감형 콘텐츠에 어떤 부가 데이터가 접목되느냐에 따라 경험 콘텐츠가 되기도 하고 판매 콘텐츠가 되기도 하는 등 더 풍성한 실감형 콘텐츠로 거듭날 수 있습니다. 그리고 더 다양한 영역에서 더욱 많은 데이터가 생성·수집될수록 다양한 상황에 대한 더 많은 경험치가 쌓여 조금 더 보편성을 띤 고도화된 의미를 뽑아내게 될 거고요. 이처럼 더 많은 데이터는 더욱 고도화된 인공지능을 가능하게 하는 등 상호 선순환 작용을 지속·강화할 것입니다.

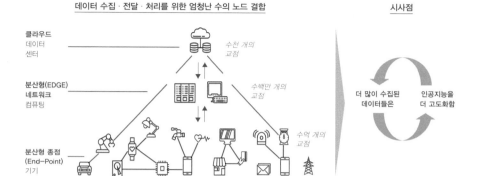

사물 인터넷 확산과 데이터[40]

데이터 수집·전달·처리를 위한 엄청난 수의 노드 결합 　　　　　　시사점

클라우드
데이터
센터

수천 개의
교점

분산형(EDGE)
네트워크
컴퓨팅

수백만 개의
교점

더 많이 수집된　　　인공지능을
데이터들은　　　　더 고도화함

분산형 종점
(End-Point)
기기

수억 개의
교점

인공지능 로드맵

연결주의 인공지능에서 더 많은 데이터는 더 많은 경험과 학습을 의미합니다. 그래서 더 많은 데이터로 해당 상황에 대한 고도화된 의미 추론이 가능하지요. 그 과정에서 데이터가 왜곡되었다면 많다는 것이 과연 의미가 있을지 의문이 들 수 있는데요, 쓰레기가 들어가면 쓰레기가 나온다$^{\text{Garbage-In Garbage-Out}}$는 말이 있듯이 데이터가 쓰레기라면 의미가 제대로 나올 수 없을 테니 말입니다. 하지만 데이터 양이 일정 수준을 넘어선다면 뇌 신경망이 가중치로 의미 없는 데이터를 줄여나가는 것처럼 가짜 쓰레기 데이터를 걸러낼 확률이 높아지니 다행이지요. 그래서 사물 인터넷으로 데이터 생성량이 폭증하

---

40) SOI Consortium-IoT, 5G, ADAS and AI Market Update(Short Matt, SOI Consortium-IOT, 5G, ADAS and AI Market Update, 2017).

는 시대에는 데이터 왜곡으로 인한 잘못된 결과와 그에 대한 걱정을 줄일 수 있습니다.

연결주의 인공지능이 어떻게 뇌 신경망을 구현하며 상황에 맞게 의미를 뽑아내는지는 구성 요소와 그 구조를 살펴보면 알 수 있습니다. 가장 상위 개념은 인공지능입니다. 인공지능은 인간의 지능과 유사해 스스로 판단하는 지적 능력을 기기를 통해 구현하는 기술입니다. 인공지능도 정도에 따라 구분할 수 있는데, 인간의 감각과 사고력을 지닌 채 인간처럼 생각하는 인공지능을 범용 AI$^{General AI, GAI}$라고 합니다. 알파고가 바둑에만 특화된 것처럼 특정 영역에만 적용되는 인공지능은 특수 목적용 AI$^{Narrow AI, NAI}$라고 하지요. 인공지능의 하부 구성 요소인 기계 학습$^{Machine Learning}$은 딥러닝으로 생성된 알고리즘을 이용해 데이터를 분석하고 그것을 기반으로 학습을 강화하거나 판단 또는 예측하는 기술입니다.

마지막으로 가장 하부 구성 요소로 딥러닝$^{Deep Learning}$이 있습니다. 딥러닝은 데이터와 알고리즘이 스스로 학습할 수 있는 인공 신경망을 구성해 최종 결과물이 생성될 때까지 특성을 계속 쪼개서 검증하는 기술입니다.

인공지능이 사람들의 업무나 일상에 스며든다면 시기와 단계에 따라 그 역할이 달라질 텐데요, 첫째, 인공지능은 사람을 보완하는 일부터 할 것입니다. 초기 학습량이 적어 상황 판단과 이해에 대한 정확도가 떨어지기 때문인데요, 먼저 사람들의 업무와 활동 중 단순 반복적인 특정 영역에 적용되어 정확성과 업무 처리 속도를 높여 업무 생산성을 높이는 일부터 할 것입니다. 그리고 업무 또는 처리 과정에서 데

인공지능 구성의 정의와 로드맵[41]

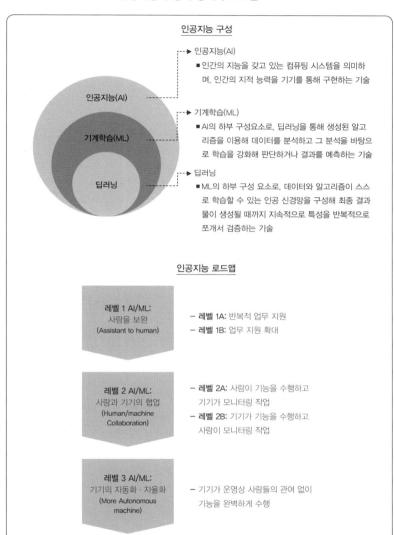

인공지능 구성

▶ 인공지능(AI)
- 인간의 지능을 갖고 있는 컴퓨팅 시스템을 의미하며, 인간의 지적 능력을 기기를 통해 구현하는 기술

▶ 기계학습(ML)
- AI의 하부 구성요소로, 딥러닝을 통해 생성된 알고리즘을 이용해 데이터를 분석하고 그 분석을 바탕으로 학습을 강화해 판단하거나 결과를 예측하는 기술

▶ 딥러닝
- ML의 하부 구성 요소로, 데이터와 알고리즘이 스스로 학습할 수 있는 인공 신경망을 구성해 최종 결과물이 생성될 때까지 지속적으로 특성을 반복적으로 쪼개서 검증하는 기술

인공지능 로드맵

레벨 1 AI/ML: 사람을 보완 (Assistant to human)
- 레벨 1A: 반복적 업무 지원
- 레벨 1B: 업무 지원 확대

레벨 2 AI/ML: 사람과 기기의 협업 (Human/machine Collaboration)
- 레벨 2A: 사람이 기능을 수행하고 기기가 모니터링 작업
- 레벨 2B: 기기가 기능을 수행하고 사람이 모니터링 작업

레벨 3 AI/ML: 기기의 자동화·자율화 (More Autonomous machine)
- 기기가 운영상 사람들의 관여 없이 기능을 완벽하게 수행

41) Artificial Intelligence Roadmap(EASA, 2020).

이터를 모으고 인공지능을 학습시키면 그 적용영역이 더 폭넓어질 것입니다.

둘째, 사람과 인공지능이 협업하는 단계입니다. 인공지능은 상황을 인식하는 능력이 떨어질 수 있으므로 상황 인식과 그에 대한 활동은 사람이 하고, 그 결과물이 맞는지는 기기가 확인하며 서로 보완할 것입니다.

마지막은 인공지능이 사람 없이 완벽하게 기능하는 동시에 스스로 오류를 잡아 수리하는 자동화 · 자율화 단계가 될 것입니다.

AIoT

사물 인터넷의 사물은 그 자체로 데이터를 측정하거나 동작을 실행하는 기능에 불과합니다. 하지만 사물 인터넷이 사물을 통해 수집 · 생성하는 데이터가 저장되고 활용된다면 단순 기능을 넘어 비효율적이거나 불필요한 과정을 발견하고 개선하는 가치를 만들어낼 테지요. 그리고 사물 인터넷이 인공지능과 결합한다면 스스로 소통 · 예측 · 판단하는 사람처럼 '사고하는 사물'로 발전할 것입니다. 이처럼 인공지능AI과 사물 인터넷IoT의 AIoT인공지능이 접목된 사물 인터넷라 재정의할 수 있으며, 단번에 사람처럼 생각하고 행동할 수 없으므로 단계를 밟아가며 순차적으로 진행될 것입니다.

이 단계는 하버드대학 마이클 포터Michael E. Porter 교수가 공저한 《어떻게 연결된 스마트 제품들이 경쟁 환경을 전환할까?How Smart, Connected Products Are Transforming Competition》에 언급된 4단계 자동화 · 자율화 로드맵을 기반으로 이해할 수 있습니다. 먼저 데이터가 송수신되는 통신과 데이터가 저장되는 클라우드를 기반한 연결성이 확보되어야 합니다.

1단계는 센서를 통해 원격으로 일상 또는 업무 환경을 감지 · 감시하는 단계입니다. 일상과 업무 활동이 디지털로 전환되어 데이터로 수집됩니다. 물론 온도, 습도 등 바로 데이터화할 수 있는 것들도 있지만 디지털로 전환된 영상 속에서 인공지능으로 판별 · 인지해 데이터화하는 것들도 있습니다.

2단계는 인지된 상황을 바탕으로 원격 제어 또는 작동하는 단계입니다. 이 과정은 제어 명령도 데이터화해야 할 뿐만 아니라 실시간에 준하는 상호작용이 가능해야 합니다. 1단계에서 상황이 데이터로 전

AIoT 자동화 · 자율화 로드맵[42]

모니터링	제어 및 작동	최적화	자동화 · 자율화
			최적화
		제어 및 작동	제어 및 작동
	제어 및 작동	모니터링	모니터링
모니터링	모니터링		
연결성			

- 내부 센서와 외부 소스를 통해 종합적인 모니터링
- 모니터링을 바탕으로 변화에 대한 경고 및 알림 제공

- 모니터링 결과를 바탕으로 제품/서비스의 기능 제어
- 제어를 통한 작동
- 연결된 환경 내 원격 모니터링 · 제어 · 작동 가능

- 모니터링, 제어 및 작동의 결과를 제품/서비스 운영을 최적화하는 알고리즘으로 선 세팅
- 알고리즘 결과에 따라 작동

- 자율적인 제품 운영 가능
- 상황에 맞게 스스로 모니터링, 제어 및 작동하며 자체 조정 및 자동화

---

42) How Smart, Connected Products Are Transforming Competition(Michael E. Porter James, 2014).

환되어 전달되는 동시에 사람이 판단해 제어하는 명령이 데이터로 거의 실시간으로 전달되어야 마무리되기 때문입니다.

3단계는 제한된 외부 환경 조건에 맞추어 프로그래밍한 제어·작동 명령을 자동으로 실행하는 단계입니다. 이를 위해서는 2단계까지 디지털화와 실시간 상호작용뿐만 아니라 상황을 시나리오화할 정도로 데이터가 쌓여야 하지요. 이를 기반으로 상황 조건에 따라 자동화가 제어·작동합니다.

마지막 4단계는 3단계를 거쳐 쌓인 데이터와 알고리즘을 기반으로 마치 사람이 하는 것처럼 능동적·자율적으로 상황을 감지하고 작동하는 단계입니다. 이를 위해서는 실시간 데이터 수집과 제어가 가능한 통신망과 연결주의 인공지능이 제대로 작동할 정도로 데이터와 이를 실시간으로 강화·처리할 인공지능이 필요합니다.

● 4차 산업혁명에 적응하려면 ●

인공지능을 접목한 사물 인터넷인 AIoT 그리고 자동·자율화는 4차 산업혁명 그 자체입니다. 4차 산업혁명은 2016년 세계경제포럼 World Economic Forum에서 처음 논의되었는데요, 그곳에서 글로벌 증권사인 UBS는 4차 산업혁명은 초연결성과 초자동화·자율화가 변화시키는 사회적·정치적·경제적 변화라고 정의했습니다. 이를 조금 더 풀어보면, 사물 인터넷이 외부 자극을 인지하고 행동하는 눈, 코, 귀, 입, 손, 발이라면 5G와 같은 네트워크는 입력 기관을 통해 인지된 자극을 뇌로 전달하는 신경계가 됩니다. 입력 기관과 신경계가 있더라도 이를 판단하고 제어하는 '뇌'가 없다면 아무런 의미가 없으니 인공지능이 뇌 역할을 하지요. 입력과 출력을 담당하는 감각기관, 신경계, 뇌 세 가지가 완전하게 연결되고 작동되면 사람처럼 스스로 인지하고 판단해 행동할 테지요. 이처럼 완전 자동·자율화된 것이 AIoT에서 로드맵 4단계의 모습이기도 합니다.

산업 현장에서는 이미 일부 자동화했지만 아직 많은 부분이 인공지능 또는 AIoT가 적용된 로봇이 사람을 지원하는 단계에 머물러 있습니다. 그리고 로봇은 단순 반복적이고 위험한 일에 조금 더 집중되어 있지요. 앞서 인공지능의 로드맵에서 보았듯이 앞으로는 로봇이 사람의 비물리적 또는 물리적인 일을 완전히 대체하는 방향으로 조금씩 흘러갈 것입니다.

앞에서 언급한 이론적인 로봇의 역할을 직접 볼 기회가 있었습니다. 강원도 속초 물회 맛집에서는 로봇이 음식을 날랐습니다. 음식 배달 로봇이 나왔다고 들었을 때 맨 먼저 든 생각은 '음식점 서빙 일자리가 줄어들겠구나'였습니다. 하지만 직접 보고 느낀 점은 완전히 달랐습니다. 물회가 담긴 그릇이 무거워 사람은 한번에 두 그릇 정도가 최대 배달량이지만 로봇은 그렇지 않았습니다. 일단 음식 배달 로봇이 무거운 음식들을 정해진 자리까지 운반하면 서빙하는 분들은 배달 로봇에서 음식을 꺼내 식탁에 옮기거나 가벼운 반찬류나 음료수를 빠르게 고객에게 전달하며 서로 역할을 분담했습니다.

그렇다면 AIoT 환경에서 사람은 무엇을 하게 될까요? 결국 로봇이 배달을 모두 담당하는 세상이 오면 사람이 할 일은 사라질까요?

배달은 로봇이 담당하고 사람은 고객을 보살피며 고객 만족도를 높이는 일을 할 수 있습니다.

그와 관련한 아이디어를 일본 지하철역에서 얻을 수 있습니다. 지하철 상주 직원을 검표원으로 규정한다면, 이런 일은 한국의 지하철역에서처럼 기계가 대체할 것입니다. 하지만 시골에서 올라온 노인을 안내하거나 무거운 짐을 함께 들어주는 등 이용자의 안전과 만족도를 높이는 일을 사람이 한다면 이는 대체 대상이 아닌 활성화해야 할 일이 될 테지요. 사람은 기계와 다르게 더 다양한 방면으로 계속 학습하며 환경 변화에 더 빠르게 적응합니다. 이에 사람들은 현재 역할에 고착되기보다는 계속 학습하며 적응하는 연습과 훈련을 하고 실행해 나가야 합니다.

● 움직이는 스마트폰, 자율주행차 ●

자동차는 인공지능이 접목된 AIoT의 모습이 잘 적용된 영역일 뿐만 아니라 사람들의 일상생활에 영향이 커서 산업 또는 사회적 변화까지 한번에 살펴볼 수 있는 좋은 예입니다. 원래 자동차 산업은 안정성을 강조하며 새로운 변화를 거부하는 가장 보수적인 산업 영역이었습니다. 예를 들면 전기자동차는 테슬라 이전에 이미 미국의 제너럴 모터스General Motors, GM가 1996년에 EV1이라는 제품을 출시했습니다. 당시 EV1은 한 번 충전으로 최장 300km, 최고시속 150km로 달릴 만큼 획기적인 제품이었지요. 그 이후 EV1은 알 수 없는 이유로

조용히 시장에서 사라졌고, 내연기관이 더 안전하다는 사람들의 인식 속에서 자동차 시장은 내연기관 중심으로 흘러왔습니다.

하지만 테슬라가 전기자동차의 가능성을 증명했고, 자동차에도 혁신 고객과 초기 수용자층을 유입·확산했습니다. 그리고 GM, 폭스바겐, 현대자동차 등 기존의 주류 자동차 제조사들이 '내연기관 자동차의 종말'을 선언하고 전기자동차 시장으로 진출했습니다. 이러한 모습은 초기 스마트폰 시장과 흡사한데요, 마치 스마트폰 시장 초기에 아이폰을 구매해 보유하면 혁신적이라는 이미지를 줄 수 있었던 것과 유사합니다. 전기자동차는 배터리가 전기 모터로 바퀴를 구동하는 모터 달린 스마트폰이라고 생각하면 됩니다. 연결성과 컴퓨팅 성능이 좋아지면서 기능이 더 자동화되고 자율화 성능이 고도화되는 자율주행차로 발전하고 있습니다.

자율주행차

자율주행차라고 하면 대부분 자율주행 능력을 모두 갖춘 자동차라고 생각할 것입니다. 하지만 자율주행 능력은 기술 발전, 인프라 수준, 보완자산의 수준에 따라 달라집니다. 자율주행차는 5단계$^{L0~L5}$로 구분하는데, 일반인이 생각하는 자율주행차의 수준은 4단계^{L4} 이상으로, 4단계부터 순수한 의미에서 자율주행차라고 할 수 있습니다.

5단계를 하나씩 살펴보면, 1단계^{L1}는 일부 운전 보조 기능으로 안전 운전 기능이 포함되어 있지만 운전자가 손을 계속 운전대에 두고 운전에 집중해야 합니다. 2단계^{L2}는 운전자가 운전에 집중해야 하고 전방 주시 의무는 있지만, 운전 보조 기능의 도움으로 가끔 운전대에서 손을 떼고 차에 운전을 맡겨도 됩니다. 3단계[13]는 가끔 전방 주시를 하지 않고 운전에 집중하지 않는 등 주행에 적극 관여하지 않아도 됩니다. 4단계[14]는 특정 구간에서는 운전자가 운전석에 앉아 있지만 운전한다는 사실을 잊고 밖을 보거나 다른 활동을 할 수 있습니다. 마지막 5단계[15]는 운전자가 필요 없는 완전 자율화 단계로 자동차는 운전이라는 노동을 하는 공간이 아니라 휴식 공간 또는 다른 일을 하는 생산적인 공간으로 거듭납니다. 여기서 3단계[13]는 운전자가 주행에 관여하지 않아도 되지만, 여전히 운전자에게 사고 책임이 있는 가장 모호한 단계가 될 것입니다.

자율주행차로 도심 도로와 주차 공간 확대 가능

자율주행차가 주변 도로, 주차 공간과 서로 데이터를 주고받으며 최적의 이동경로로 운행하고 스스로 주차할 수 있다면 복잡한 도심 공간을 조금 더 효율적으로 활용하게 될 텐데요, 그 예를 2015년 미국에서 열린 한 콘퍼런스에서 아우디가 발표했습니다. 아우디의 도시미래 이니셔티브[43]에 따르면, 미래에는 사람들이 모두 주차장이 아닌 문 앞에서 내리므로 주차장 한 면당 필요한 면적이 줄어든다고 합니다.

이론적으로 주차장 한 면마다 1.95 ㎡씩 줄어들면 주차장 전체 면적을 40% 수준으로 줄일 수 있다고 하지요. 또한 주차 건물에 사람

---

43) AUDI urban future initiative brings automated parking garage for self-driving cars to boston-area(chinandrea, 2015).

이 이용할 계단이나 엘리베이터도 필요 없어져 주차장의 62에 해당되는 면적을 줄일 수 있다고 합니다. 결과적으로 줄어든 주차 면적을 활용해 움직이는 자동차를 위한 도로 공간이나 사람들을 위한 공간을 더 늘릴 수 있습니다.

자율주행차의 발전은 도심 발전 계획과 연계

자동차 기업 중 이동 또는 운송 수단에 국한하지 않고 도로와 이동 수단을 함께 발전시키는 도심 계획 측면에서 자율주행차에 접근하는 곳도 있습니다. 오래전부터 자율주행차를 연구해온 포드[44]는 "도시 전체 교통 솔루션의 일부로 자율주행차에 접근한다"라고 밝힌 바 있는데요, 이에 포드는 2016년 스마트 시티 내 운행 클라우드 플랫폼을 제공하는 포드 모빌리티를 설립했습니다. 일본의 도요타자동차는 미래 세상에서 자동차와 사람들의 삶을 연구하려고 후지산 근처에 우븐시티Woven City를 건설하고 있습니다. 그곳에서는 도요타 연구원과 그 가족, 퇴직자, 과학자, 업계 파트너 등 2,000여 명이 생활하며 자율주행차, 로봇, 스마트홈 등이 어떻게 활용되는지 연구해서 제품에 반영한다고 합니다.[45]

이처럼 자율주행차 예시를 볼 때 인공지능의 발전은 산업에 큰 영향을 주어 새로운 변화를 가져올 수 있으며, 그 산업이 포함된 사회 전반에 영향을 미칠 수 있음을 알 수 있습니다.

---

44) Self-Driving Vehicles and Mobility: Evolving Strategies(IHS Markit, 2019).
45) CES 2020: Toyota and BIG To Build A Prototype Future City In Japan(BanksNargess, 2020).

Beyond
Change

3부

스마트폰 없는 세상,
새로운 세대와 만나다

기술, 기업 그리고 산업의 변화가 실질적 가치를 생성하려면 사람들의 일상에 스며들어야 합니다. 기술과 제품, 주변 보완자산이 잘 마련되더라도 사람들 삶에 스며들지 못한다면 사실상 세상의 변화를 일으키지 못하지요. 어쩌면 보완자산 중 가장 큰 것은 사람들의 인식, 고착된 삶 그리고 습관과 일하는 방식일 텐데요, 그 예로 스마트폰이 세상 변화의 중심에 선 것도 스마트폰 그리고 주변의 다양한 서비스와 기기가 사람들의 일상과 일에 스며들어 사람들을 변화시켰기 때문입니다.

스마트폰 중심 세상의 재미있는 예를 살펴보면, 새로운 세대로 알려진 Z세대에게 텔레비전은 영상 콘텐츠를 시청하는 기기가 아니라 스마트폰을 이용할 때 배경 음악을 듣는 음향기기처럼 활용된다는 것입니다. 20~30년 전 가족 또는 이웃이 옹기종기 모여 함께 텔레비전을 보던 때와는 완전히 다른 기기 활용 형태입니다.

이미 사람들은 PC, 인터넷, 스마트폰으로 온라인 가상공간을 더 편하게 느끼며 소통합니다. 그 근거로 첫째, 사람들의 변화 속에서 오프라인과 아날로그로 이루어졌던 많은 부분이 디지털로 온라인 속 가상공간에서 진행되지요. 예를 들어 은행에 직접 가지 않고도 송금하거나 공과금을 낼 수 있고, 식당 또는 병원에 전화를 걸어 통화될 때까지 기다리거나 다시 전화를 수십 번 걸 필요 없이 온라인으로 바로 예약할 수 있습니다.

둘째, 사람들의 변화 속에서 오프라인은 온라인으로 전환되거나 온라인과 연계해 서로 보완하는 변화가 동시에 진행됩니다. 예를 들어 과거 아르바이트생들이 나누어주던 식당 광고물, 전화번호부 등이 사라지고 배달의민족, 쿠팡이츠, 요기요 등의 서비스가 온라인 음식 주문과 배달을 가능하게 해줍니다. 온라인 주문이 많아지면서 오프라인에서는 배달 전문기업도 늘었습니다. 이로써 원래 배달 서비스를 제공하지 않았던 식당과 카페에서 배달 주문 처리가 가능해져 배달문화를 더 보편화하는 보완자산 역할을 합니다. 이처럼 세상은 새로운 기술을 받아들여 새로운 습관과 문화를 만들어냅니다.

그뿐만 아니라 이미 태생적으로 새로운 기술, 습관, 문화에 익숙한 새로운 인류라 불리는 세대가 자가 발전을 하면서 스마트폰 이후 새로운 세상을 맞이할 준비를 합니다. 그리고 코로나19라는 극단적 사건[X-Event]이 나타나 온라인 가상 세상을 통해 현실 세상을 디지털화함으로써 더 빠르게 변화시키는 동시에 새로운 세대는 그 속에서 더 빠르게 적응합니다.

8장

·

새 세상에 적응할 준비가 된
새로운 세대

·

지금 시대를 스마트폰 중심 세상이라고 하는 이유는 사람들의 일상
이 스마트폰이라는 기기로 완전히 바뀌었기 때문인데요, 이에 대한
근거는 많습니다. 첫째, 2020년 8월 기준으로 대한민국의 주민등록
상 인구는 5,180만 명[46]입니다. 하지만 스마트폰 가입자 수는 5,220
만 명[47]으로 인구당 스마트폰 가입 수는 1대가 넘습니다. 미국의 경
우 2020년 인구의 81%[48]가 스마트폰을 갖고 있다고 합니다. 둘째,
우리 일상에서 많이 사용하는 서비스 중 하나인 유튜브 서비스도
70% 이상이 스마트폰으로 이용한다고 합니다. 셋째, 오프라인 매장

---

46) 주민등록 인구 및 세대 현황(행정안전부, 2020).
47) (2020년 8월 말 기준) 무선통신서비스 가입자 통계(과학기술정보통신부, 2020).
48) 67+ Revealing Smartphone Statistics for 2020(G. Deyan, 2020).

에서 쇼핑 중인 쇼핑객 80%가 스마트폰을 활용해 해당 제품의 리뷰는 어떤지, 주변에 또는 온라인에 더 싸게 판매하는 곳은 없는지 검색한다고 합니다.[49]

하지만 스마트폰을 많이 사용하면서 문제도 발생하는데요, 미국 스마트폰 이용자 중 47%가 기기 없이는 살 수 없다고 답하는 등 스마트폰 중독에 대한 문제도 있습니다. 대한민국에서도 보행 중 스마트폰 이용이 문제가 되고 있습니다. 중국에서는 그 정도가 심해서 아예 스마트폰 이용자를 위한 보행 도로를 새로 만들었습니다.

스마트폰의 시대라 할지라도 스마트폰을 공부하고 익혀야 하는 사람들이 있는 반면, 아예 어릴 때부터 또는 태어날 때부터 스마트폰을 익숙하게 접하고 사용하는 사람들도 있습니다. 후자를 MZ세대라 부르는데요, 이들의 삶은 스마트폰에 대한 밀착 또는 집착이

중국의 스마트폰 보행자 전용도로[50]

49) 같은 글.
50) Slow walkers on cellphones, a Chinese city has a lane for you(CBS NEWS, 2014).

더 심합니다. 그들은 잘 때도 머리맡에 스마트폰을 두고 거실에서 부모님과 함께 텔레비전을 보기보다는 각자 공간에서 스마트폰으로 유튜브를 봅니다. 밥을 먹을 때도 다른 사람들과 함께 어울리기보다는 유튜브 영상을 틀어놓고 혼자 식사합니다.

이들 MZ세대가 스마트폰 이후 세상에서 주류 사용자가 될 텐데요, 이들의 특징을 살펴봄으로써 이들이 새로운 20년 혁신을 수용할 준비가 되었는지 알아보겠습니다.

● MZ세대의 등장 ●

새로운 인류로 알려진 M세대와 Z세대는 스마트폰을 가장 친숙하게 받아들이며, 스마트폰이 가능하게 한 새로운 세상을 아무 거리낌 없이 수용하고 활용합니다. 이들의 특징을 구체화하기 위해 이전 세대와 비교해보겠습니다.

세대 구분[51]
MZ세대를 이해하려면 사람들이 특정 세대를 구분 짓는 이유를 살펴보아야 하는데요, 세대는 글로벌로 연결된 세상에서 비슷한 시기에 태어나 역사와 문화, 경험을 공유해 유사한 생각, 정서, 행위 태도

---

51) 밀레니얼 세대분석을 통한 제주 변화의 방향(정원희, 2018).

등을 하는 집단입니다. 이미 1990년대에 정의할 수 없다는 측면에서 X세대가 유행처럼 나타났습니다. 1965년에서 1979년 사이에 태어난 X세대는 다양성과 자기중심적 성향을 바탕으로 권력과 직업에 대한 기대가 낮고 실용주의적 성향을 지닌 이들로 정의되었습니다. 그 이전인 1946년에서 1964년에 태어난 베이비부머 세대는 공동체 지향적이고 일벌레이며, 결과 중심적이고 권력에 대한 존중과 집착이 강했습니다.

MZ세대 정의

예전에는 베이비부머 세대와 X세대를 이을 세대로 알파벳 그대로 Y세대, Z세대로 불렀습니다. 하지만 최근에는 Y세대를 2000년대 주류 세대라는 측면을 더 강조해 밀레니얼Millennial 세대라 칭하고 그 첫 글자를 따서 M세대라고 하지요. M세대와 Z세대의 특징을 각각 정의하려면 앞서 살펴본 출생 시기, 부모 세대의 특징 그리고 외부 환경 요인을 알아보면 그 특징에 대한 이해가 쉽습니다.

M세대는 1982년에서 1994년 사이에 태어났으며 부모가 베이비부머 세대입니다. 베이비부머 세대의 생활 방식에 단점이 많다고 보아 이를 넘어서려는 세대이기도 한데요, 베이비부머가 일과 조직에 대한 충성에 집중한 데 반해 M세대는 개인의 가치에 집중해서 소셜 미디어 등에 자신을 드러내기를 좋아합니다. 또 베이비부머 세대가 잘살기 위해서 아끼고 자산을 모으는 데 집중했다면 M세대는 베이비부머 세대와 같은 아쉬움을 크게 느끼지 않아 소비를 많이 하며 자산 소유보다는 공유와 경험을 선호하는 성향을 보이지요. 또한 베

이비부머 세대의 결과 중심주의가 불러온 폐해를 보아온 M세대는 과정 또는 이를 통한 사회적 가치 등에 더 관심을 둡니다. M세대는 어릴 때부터 스타크래프트 등 PC 게임을 하면서 PC를 쉽게 접하고, 인터넷도 어릴 때부터 접속하는 등 디지털 이용에 부담이 없는 첫 세대이기도 합니다.

Z세대는 1995년부터 2009년 사이에 태어났으며 부모가 자기애가 너무 강한 X세대입니다. 그러다 보니 Z세대는 자기중심적 사고뿐만 아니라 Y세대의 가치를 이어받아 사회적 가치도 함께 생각합니다. 또 X세대가 권력과 직업에 대한 기대가 낮은 반면 Z세대는 '유명인'이라는 기존과 다른 형태의 권력을 선호하고 유명해질 수 있는 직업, 즉 '유튜버' 등을 선호합니다. Z세대는 태어날 때부터 '터치스크린'이 되고 언제 어디서나 동영상이 재생되는 스마트폰을 가까이하며 자라난 첫 세대입니다. 그래서 텔레비전을 보더라도 멀리 앉아서 리모컨을 찾는 게 아니라 화면 가까이 가서 디스플레이에 손가락을 대고 위아래, 왼쪽에서 오른쪽으로 화면을 넘기려고 합니다.

● 내가 중심인 변신의 귀재들 ●

태어날 때부터 또는 자라나면서 스마트폰과 함께 생활한 MZ세대는 기존 세대와는 분명 다릅니다. 예전 세대는 정보를 얻기 위해 그 정보가 있다는 사람을 어렵게 직접 만나거나 그 정보를 담은 신문이나 책을 직접 찾아보아야 했지요. 하지만 MZ세대는 주변에 정보가 넘쳐나며, 스마트폰을 이용해 언제 어디서나 원하는 정보에 접근할 수 있습니다. 그래서 이들은 그만큼 새로운 기회를 얻을 확률도 높습니다. MZ세대는 온라인상에 자신만의 가상 채널이 있어 자기 생각을 표출할 기회도 더 많습니다.

언제나 변신할 수 있고 또 변신해야 하는 나

이전 세대는 MZ세대에 대해 힘든 일을 싫어하고 '끈기가 부족'하다는 평가를 많이 합니다. 끈기는 곧 인내심을 말하는데 인내는 괴로움, 슬픔, 억울함 등을 참는 것입니다. 사실 참아야 하는 이유는 선배들에게서 정보를 얻거나 배워야 하기 때문이기도 할 텐데요, MZ세대는 이미 언제 어디서나 쉽고 빠르게 정보를 얻고 또 유튜브나 가상 온라인 세상 속 다양한 연령대의 지인에게서 배울 수 있으므로 이전 세대처럼 무엇인가를 얻기 위해 참아야 할 이유가 없습니다. 이미 MZ세대는 변화되는 새로운 세상에 적응해 살아가고 있습니다. 그 모습을 두 가지로 설명할 수 있습니다.

첫째, MZ세대는 '빠른 포기와 전환'을 해야 하는 유연성과 빨리 습득할 수 있는 학습능력이 필요한 환경에 적응하며 살고 있습니다. 지금은 검색이 쉽고 정보 접근성이 높아 정보의 생성과 공유 속도가 과거와 비교가 안 될 만큼 빨라졌습니다. 예전의 정보 생성과 공유는 개인과 개인으로 이루어졌으므로 확산 속도가 느렸지요.

하지만 MZ세대가 사는 세상에서 정보는 스마트폰과 인터넷을 이용해 전 세계에서 동시다발적으로 공유되며, 실행도 동시다발적으로 진행되므로 결과가 나오는 속도도 빠르고 그 파급력도 클 수

밖에 없습니다. 또 정보가 재결합되는 속도도 빨라 여기서 파생되는 영향 역시 전 세계 차원에서 동시다발적으로 나타납니다.

이들 MZ세대에게 과거처럼 인내하고 기다리라는 것은 빠른 정보 공유와 동시다발적 실행으로 이미 결론이 난 상황에서도 새로운 기회를 잡지 말고 아무것도 하지 말라는 말과 같지요. 그러므로 이들 새로운 세대는 빠른 정보 습득과 빠른 세상 변화에 적응하기 위해 '빠른 포기와 전환'을 할 수밖에 없고, 이를 위한 유연성과 학습능력은 과거 세대보다 더 발달할 수밖에 없습니다.

둘째, MZ세대는 '소유보다 경험'에 더 익숙할 수밖에 없습니다. 이들은 빠른 변화 속에서 생존해야 하므로 정착과 안착을 위한 '소유'는 이들에게 맞지 않습니다. 소유에 대한 집착은 유연성을 떨어뜨리므로 MZ세대는 경험을 더 선호합니다. 이러한 MZ세대 삶의 방식을 충족하는 다양한 서비스가 나왔습니다. 그 예로 대도시에서 거주와 저장 공간인 집을 늘리기 어렵게 되자 당장 필요하지 않은 짐을 덜어내는 '셀프스토리지 서비스'개인의 짐을 보관할 공간을 대여하는 서비스가 있습니다. 한국에서는 '다락, 마타주' 같은 서비스가 있는데요, 보관용품 중에서도 MZ세대가 패션에 관심이 많은 만큼 옷 또는 신발 등에만 특화해서 저장 · 보관 · 관리해주기도 합니다.

다른 예로 전동 킥보드 또는 자전거를 직접 구매해 운반 · 이동하기보다는 필요할 때 언제든 사용하는 스마트 모빌리티 서비스도 확산되고 있습니다. 서울시가 공유 자전거로 운영했던 '따릉이'가 우려와 달리 많이 애용되고 있습니다. 카카오모빌리티는 공유 자전거 사용이 일상화함에 따라 전기자전거를 포함한 서비스를 빠르게 확산하고 있습니다. 또 다양한 전동 킥보드 브랜드를 도심에서 쉽게 찾아볼 수 있습니다.

이처럼 변화에 익숙한 MZ세대는 유연하게 또 먼저 경험하려는 특징이 있어 새로운 변화를 더 빠르게 수용하고 적극 변화할 수 있습니다.

내가 중심이 되는 세상

MZ세대는 다른 사람들과 소통하지 않아도 충분히 정보를 얻을 수 있고, 또 자기 이야기를 알릴 경로도 많습니다. 그래서 조금 더 자기 중심적 소통과 판단에 익숙한데 이러한 특징을 세 가지로 정리할 수 있습니다.

첫째, 그들은 자신만의 기준을 세우고 따르는 마이사이더[Mysider][52]입니다. 다른 사람들과 잘 어울리며 관심을 많이 받는 '인싸[인사이더]'와 다른 이들과 관계를 불편해하며 소외된 '아싸[아웃사이더]'를 넘어 자신만의 기준을 세우고 따르는 자기 취향이 분명한 세대입니다.

둘째, MZ세대는 소신을 당당하게 표출하는 데 거침이 없고 자연스럽습니다. 그래서 이들을 작지만[小] 소신[所信]을 거침없이 발설하는 사람[Speaker]이라는 의미의 '소소피커'[53]라고 부르기도 하는데요, MZ세대는 '팩폭[팩트 폭격]'을 할 때도 시간과 장소를 가리지 않는 등 소신 있고 대의를 생각하는 공동체 의식도 강한 편입니다. MZ세대는 자

---

52) Gen Z(대홍기획, 2019).
53) 같은 글.

신들의 생각이 작은 움직임이 되어 큰 변화를 일으킬 수 있다는 것을 커뮤니티 활동과 크라우드 펀딩으로 경험합니다. 페이스북에 인수된 오큘러스 창업자 팔머 럭키가 1992년생으로 MZ세대입니다. 럭키가 온라인 커뮤니티와 크라우드 펀딩으로 마련한 자금으로 시작한 오큘러스는 확장현실 중심의 세상으로 변화시키고 있습니다.

셋째, MZ세대는 관계에 집착하지 않습니다. 가상 온라인 세상에서는 관계가 쉽게 맺어지거나 끊어지기 때문인데요, 다만 이들은 관계가 맺어진 목적인 취향과 관심에 더 집중합니다. 그래서 자기 취향과 관심이 변함에 따라 그에 맞도록 관계를 변화시킵니다. 즉 이들은 느슨한 관계를 추구하며 취향을 중심으로 가볍게 모이고 헤어집니다.

이처럼 MZ세대는 새로운 변화도 스스로 자기화해서 해석·수용하고, 남들 눈을 신경 쓰기보다는 스스로 변화를 찾아 즐깁니다.

● 능동적으로 학습하는 영상 세대 ●

MZ세대는 정보 접속과 소통방식에서 기존 세대와는 전혀 다른 세상에서 태어나 성장하고 있습니다. 이들은 공동체보다 자기 취향을 더 존중받고 강조할 수 있는 환경에서 자라났는데요, 이처럼 기존 세대와 다른 환경에서 생활하다 보니 다른 특징을 갖는데, 이는 일곱 가지로 정리할 수 있습니다.

첫째, 이들은 시각 중심적입니다. 베이비부머 세대와 X세대는 유선전화, 라디오 등 음성중심 소통 환경에서 자라서 직접 말로 하는 것이 더 편합니다. 하지만 MZ세대는 처음부터 스마트폰으로 이미지 또는 영상으로 소통해왔습니다. 그래서 M세대는 이미지 중심의 인스타그램, Z세대는 동영상 중심의 유튜브를 가장 많이 활용합니다.

둘째, 기존 세대는 튀는 것보다는 정해진 규칙에 따르는 '닥치고 앉아서 듣도록$^{Sit \& Listen}$' 교육을 받아왔습니다. 베이비부머나 X세대는 선생님, 주변 사람 또는 신문이나 책에서 배웠으므로 이들의 범위와 권위를 넘어서는 말과 행동을 하면 안 되었지요. 하지만 MZ세대에게 학습의 장은 선생님, 책도 있지만 언제 어디서나 접할 수 있는 유튜브와 인터넷 등 온라인 가상공간이 주를 이룹니다. 관심 있는 유튜브 영상을 찾아보면서 스스로 배우고, 조금 더 깊이 있는 교육은 세계 유수의 대학에서 연 무크$^{MOOC54)}$를 통해 그 학교 교수들의 강의를 들으면 됩니다. 이처럼 이들은 능동적 환경에서 스스로 도전하며 간접 경험$^{Try \& See}$을 하는 데 익숙합니다.

셋째, 기존 세대에게 학습은 이전 세대에게서 정보를 얻는 '가르침'으로 가능했습니다. 하지만 MZ세대는 다양한 정보의 홍수 속에서 시의성, 중요성, 관련성 등의 기준으로 정보가치를 평가해 상황에 맞도록 조율자^{Facilitator} 역할을 학습하는데요, MZ세대의 특징을

---

54) MOOC(Massive Open Online Course): 네이버 지식백과에 따르면, '대규모 사용자를 대상으로 제공하는 온라인 공개 수업'이 사전상 의미이고, 일반적으로는 대학 수업을 온라인으로 접속해 무료로 들을 수 있는 강의를 의미한다.

구글도 2013년 연구를 통해 4C[55]로 정리하고 있습니다. 구체적으로 이들은 새로운 정보와 콘텐츠를 생성Creation하는데, 기존의 정보를 잘 모아서 구조화해Curation 잘 연결Connection합니다. 또 생성한 콘텐츠를 취향이 비슷한 커뮤니티Community에 잘 배포해 더 많이 공유되고 확산되도록 합니다.

넷째, 기존 세대는 정보 접근성도 떨어지고 공유도 느려서 지역과 시간 측면에서 보았을 때 확산 속도가 천차만별이었습니다. 그래서 사회는 물론 기술 변화도 느릴 수밖에 없었지요. 하지만 스마트폰과 빠른 인터넷으로 거의 실시간 정보 접근과 공유가 이루어져 전 세계적으로 동시다발적 확산이 나타납니다. 이러한 환경에서 MZ세대는 빠른 변화에 즉각적으로 대응하고 적응할 수 있는 유연성을 어릴 때부터 체득합니다.

다섯째, MZ세대가 접할 수 있는 정보가 워낙 많고, 개인주의가 더 일반적인 사회에서 생활하다 보니 정답을 정하고 가는 것이 아니라 협업을 통해 문제를 해결해나가는 것에 더 익숙합니다. 만약 이전 세대처럼 정답을 정하고 지시에 따라 움직인다면, 실행 과정에서 시장 환경이 변해 그 정답이 틀릴 확률이 더 높아질 테지요.

여섯째, MZ세대는 스스로 배워가며 성장합니다. 예전에는 정보를 가진 이들이 전달할 방법을 가장 잘 알기에 그들이 구성한 교육과정대로 전달하는 것이 효과와 효율을 동시에 잡는 방법이었습니

---

55) Introducing Gen C(Google, 2013).

MZ세대의 특징

기존 세대	MZ세대
구두의(Verbal)	시각적(Visual)
수동적(Sit & Listen)	능동적(Try & See)
지도(Teacher)	조율(Facilitator)
안전성(Job Security)	유연성(Flexibility)
지시(Commanding)	협업(Collaboration)
주어진 대로(Curriculum Centered)	스스로 배워가며(Learner Centered)
외우는(Closed Book Exams)	생각하며(Open Book Exams)

다. 하지만 지금처럼 빠르고 다양하게 변화하는 환경에서는 누가 방법을 알려주어도 금방 유효기간이 지난 과거의 해결책이 됩니다. 그래서 MZ세대는 스스로 경험하며 배워갈 수밖에 없는 상황에서 성장합니다.

마지막으로 MZ세대에게는 정보를 암기하는 것은 전혀 의미가 없습니다. 손에 있는 스마트폰으로 정보를 언제나 알아낼 수 있기 때문인데요, 이제는 암기보다 손안에 쥔 엄청나게 많은 정보를 바탕으로 어떻게 생각하고 판단하는지가 더 중요합니다. MZ세대는 친구나 지인이 같은 정보를 얼마나 다르게 해석하고 판단하는지 그리고 다르게 행동해서 결과가 어땠는지를 보며 자랍니다. 그래서 이들은 스스로 생각하는 것을 더 중요하게 여기지요. 그 결과 MZ세대는 수많은 정보와 협업을 바탕으로 스스로 배워가기에 더 창의적이고 도전적입니다.

9장

스마트폰리스 세상 소비자의 특징

새로운 MZ세대는 태어날 때부터 또는 자라면서 온라인 가상공간에 접속하는 생활이 일상화되었습니다. 온라인 가상공간은 자원의 제약과 실물의 한계가 있는 현실 세계와 다르므로 이 공간에 익숙한 새로운 세대는 더 능동적으로 도전하고 학습하는 삶을 살아갑니다. 그래서 이들 세대가 새로운 환경 변화에 적응함과 동시에 앞으로 새로운 20년 혁신을 이끌어갈 것입니다.

● 디지털 세상이 현실보다 더 많은 비중 차지 ●

스마트폰은 사람들을 언제 어디서나 온라인 가상공간에 쉽게 접속하도록 해줍니다. 움직이는 버스 안에서, 책상 앞에서, 걷는 동안에도 사람들은 눈으로 또는 귀와 입으로 오프라인과는 다른 온라인 가상공간에 접속합니다. 그 가상공간이 소셜 미디어이기도 하고, 게임이기도 하고, 유튜브와 같은 동영상 저장 공간이기도 합니다.

새로운 도피처가 된 가상공간 소셜 미디어

새로운 세대는 새로운 친구를 사귀고 만나기 위해 그리고 기존의 친구들과 더 친해지기 위해 가상공간 속 소셜 미디어를 이용해서 계속 소통합니다. 또 한국에 거주하더라도 글로벌로 연결된 소셜 미디어를 통해 미국, 중국, 영국 등 세계 어디서든 친구를 쉽게 사귈 수 있는데요, 지역뿐 아니라 각각 세대별로 자기들만의 소셜 미디어를 찾아 이용하는데요, 미국을 포함한 글로벌 관점에서 Z세대는 스냅챗, 제페토, M세대는 인스타그램, X세대 이상은 페이스북으로 각각 자기 세대가 모인 소셜 미디어를 찾아 자기들만의 놀이터를 만들어갑니다. 특히 새로운 MZ세대가 왜 소셜 미디어에 집착하게 되었는지는 다양한 관점이 있겠지만, 그 속내를 알 수 있는 이야기가 있어 들려드리고자 합니다.

박웅현 크리에이티브 대표가 TBWA코리아에서 진행하는 망치 프로젝트 사례를 이야기하면서 언급한 내용인데요,[56] 망치 프로젝트는 다른 스피치와 달리 자신의 유능함이나 성공담을 내세우기보다는 어렸을 적 트라우마, 갈등, 실패담, 시행착오 등 감추고 싶은 이

---

56) "'나는 보여준다. 고로 존재한다'… 드러내기 즐기는 세대"(박웅현, 2019).

야기를 발표하는 행사라고 합니다. 오히려 감추고 싶은 이야기에서 그들의 참된 욕망과 고민을 들을 수 있는데요, 망치 프로젝트에서 한 학생이 M세대가 인스타그램에 몰두하는 이유는 현실에 자신만의 공간이 없기 때문이라고 발표했다고 합니다.

그 학생에 따르면, 고등학교 때는 한 반에 40~50명씩 앉아 앞만 보고 공부했고, 대학생이 되어서는 숨도 못 쉴 정도로 사람들이 미어터지는 지하철을 타고 다니며, 1평 남짓한 고시원에서 힘들게 산다고 했습니다. 그들이 자신만의 공간인 인스타그램에 구름 사진, 고양이 사진, 꽃이 있는 거실 사진을 올리는 이유는 현실은 그렇지 않지만, 구름을 보면서 고양이를 키우고 꽃이 놓인 공간에 살고 싶다는 희망 사항을 표출하고자 하기 때문입니다. 그래서 박웅현 대표는 인스타그램이 곧 M세대가 자기 소망을 여과 없이 드러내는 채널이라고 합니다.

미국에 Z세대가 쓰는 소셜 미디어가 따로 있다면 한국에는 Z세대가 쓰는 메신저 앱이 따로 있습니다. 미국을 비롯해 X세대가 전반적으로 많이 사용하는 소셜 미디어인 페이스북의 메신저 '페이스북 메신저페메'가 그 주인공인데요, 특이한 점은 기존 세대와 다르다는 그들만의 취향 때문에 페메를 사용하는 것은 아니라는 사실입니다. 그 이유를 물어보면 그들 부모 세대가 가장 많이 사용하는 메신저 앱이 카카오톡이라서 부모에게서 벗어난 그들만의 도피처로 찾은 결과가 페메인 것 같습니다.

영상은 새로운 세대에게 소통의 기본 매체

새로운 세대는 여행 영상을 보며 시간과 공간에 관계없이 어디든 갈 수 있고, 또 무엇이든 할 수 있습니다. 제 조카가 하는 말에 깜짝 놀란 적이 있는데요, 조카가 "삼촌, KTX로 부산 가는 영상 틀어줘"라고 해서 "뭐?"라고 되물은 적이 있습니다. 그래서 같이 유튜브에 'KTX' '부산'이라는 검색어를 입력했더니 KTX를 타고 부산까지 가는 과정을 찍은 영상이 다양하게 있고 그중 100만 뷰에 달하는 영상도 몇 건 있었습니다. 새로운 세대는 어디를 가고 싶으면 유튜브에서 다른 사람들이 찍어 업로드한 영상을 보며 그곳을 미리 보고 듣습니다. 또 유튜브 동영상 가운데 기관사 자리에서 찍은 것도 있어서 새로운 세대는 마음만 먹으면 기관사의 눈으로 철도 위를 달릴 수 있습니다.

새로운 세대에게 배움의 공간은 유튜브 등 동영상 서비스입니다. 전에는 배우려면 직접 선생님을 만나야 물을 수 있었고, 또 도서관과 서점에 직접 가야 책을 보고 배울 수 있었습니다. 하지만 이제는 유튜브에 접속만 하면 세계 최고 수준의 선생님을 클릭 몇 번으로 만나 배울 수 있지요. 또 콘텐츠도 글자나 단순 이미지보다는 이해하기 쉽도록 직관적인 영상으로 만들어져 있습니다.

영상을 보다가 모르는 것이 있을 때는 그 자리에서 검색창에 질문을 입력하면 그 질문을 해결할 영상이 이미 온라인에 저장되어 있어 스스로 일정과 깊이를 조절하는 자기주도 학습도 가능합니다. 이제 교육 분야는 학습 의지만 있다면 인터넷에 접속해 누구나 세계 최고 수준의 교육을 받는 조금 더 평평한 세상이 된 것 같습니다.

이미 저장된 콘텐츠라 검색해서 찾아볼 수 있는 여행 영상과 교육 영상은 크리에이터가 영상을 만든 과거 시점의 공간과 지식을 담은 것입니다. 그러다 보니 바로 지금 시점의 공간과 지식을 담은 여행 서비스도 출시되었는데요, 클라우드 기업인 아마존은 2020년 9월 온라인으로 전 세계 각지에서 역사적 명소를 관광하거나 현지에서 진행 중인 요리 교실에 참여할 수 있도록 가상 여행 체험 서비스인 아마존 익스플로러Amazon Explorer 서비스를 출시했습니다. 이 서비스는

아마존 익스플로러[57)

---

57) Source: Amazon launches Explore platform, offering virtual tour, shopping, and lesson experiences(ThubronRob, 2020). Amazon launches an interactive live-streaming tourism service, Amazon Explore(IANS, 2020).

현재 퍼블릭 베타 서비스인데요, 아르헨티나의 와인 시음 가상 투어는 물론 프라하 올드 타운을 보며 프란츠 카프카에 대해 배우는 가상 투어 등에 참여할 수 있습니다. 현장에서 진행되므로 가이드, 실습자와 실시간으로 소통하며, 가이드를 통해 현재 현장에 있는 사람들과 대화도 가능하지요. 그뿐만 아니라 한국 스타트업인 마이리얼트립에서도 세계 각지의 베테랑 가이드가 직접 여행지를 소개하고 실시간으로 체험을 공유하는 '진짜 랜선투어' 서비스를 선보였습니다. 이 서비스는 전문 가이드가 화상회의 앱을 통해 참여자 5명에서 15명과 함께 90분간 여행지를 온라인으로 체험하게 해줍니다.

새로운 세대에게 게임은 일상

새로운 세대는 스마트폰으로 언제 어디서나 게임을 할 수 있습니다. 게임기는 처음 나왔을 때는 기기 자체가 큰 데다 한 게임기에 하나의 게임만 탑재되었으며 가격도 비싸서 오락실에서만 할 수 있었습니다. 그리고 집에서도 게임을 즐길 수 있는 가정용 게임기가 나왔습니다. 그때 게임을 집에서 하려면 부모님 눈치를 보아야 했고, 새로운 게임 타이틀이 나오면 게임 소프트웨어 전문점에 직접 가서 구입, 교환 또는 빌려서 게임을 할 수 있었습니다. 물론 게임을 하려면 게임기가 필요한데, 게임기는 게임기 전문 판매점에 직접 방문해 구매해야 했습니다. 하지만 지금은 손에 있는 내 스마트폰으로 언제 어디서나 게임을 내려받거나 웹사이트에 접속해서 플레이할 수 있습니다.

MZ세대에게 가장 유명한 게임은 〈마인크래프트〉 또는 〈로블록스Roblox〉일 텐데요, 〈마인크래프트〉는 친구들과 함께할 수 있는 '온라인 레고'라고 생각하면 됩니다. 〈로블록스〉는 자기가 게임으로 만든 것들을 판매할 수 있는 '거래가능 온라인 레고'라고 생각하면 좋을 것 같습니다.

이들 게임을 왜 온라인 레고라고 하냐면, 마치 오프라인에서 레고를 쌓아 세상에 있는 또는 없는 모든 것을 만들 수 있는 것처럼 온라인 게임 속에서 블록들을 쌓아서 건물도 짓고, 비행기도 만들고, 차도 생산할 수 있기 때문입니다. 또 혼자 게임을 즐길 수도 있고, 친구들과 함께 접속해 하나의 가상 세상에서 자기만의 새로운 도시 또는 국가도 건설할 수도 있습니다. 그뿐만 아니라 온라인 세상이라서 비행기를 만들면 띄워서 운항도 할 수 있습니다.

레고가 한참 각광받을 때는 '레고테크'라고 할 정도로 가격이 올라 레고가 특정 사람들에게 한정된 놀이였습니다. 반면 〈마인크래프트〉와 〈로블록스〉는 온라인에서 하다 보니 공간과 다른 제약 없이 누구나 창의적으로 새로운 가상 세상을 만들고, 직접 만든 자기만의 공간에서 친구들과 함께 소통하며 즐길 수 있습니다. 이러한 인기에 힘입어 〈마인크래프트〉는 2014년 MS에 25억 달러에 인수되었고, 〈로블록스〉는 2021년 3월 상장했습니다.

새로운 세대는 스마트폰으로 집과 지하철 안 등 장소를 가리지 않고 시도 때도 없이 게임 영상을 시청합니다. 유튜브 또는 게임 전문 방송플랫폼이라 할 트위치 그리고 한국에서는 아프리카TV를 통해 전문 게이머Pro Gamer 또는 게임 전문 스트리머Game Streamer 등이 플레이하는 게임 방송을 봅니다. 트위치TV는 2014년 아마존이 9.7억 달러에 인수하면서 지금은 한국을 비롯해 다양한 국가에서 게임 전문 동영상 서비스 기업으로 거듭나고 있습니다. 또 과거 게이머들은 이해할 수 없는 '보는 게임'으로 게임의 패러다임을 전환시키는 데 새로운 세대가 앞장서고 있습니다.

가상 세상에 존재하는 다양한 '나Multi Me'

새로운 세대는 소셜 미디어와 유튜브 등 채널별로 다른 나Different Me를 만들어 TPO, 즉 시간Time, 장소Place, 상황Occasion에 맞게 자기 온라인 채널에서 다른 나를 선보입니다. 그뿐만 아니라 같은 인스타그램일지라도 그 속에서 또 다른 자신을 발산하기 위해 새로운 캐릭터를 위한 새 채널을 개설하기도 합니다.

그 예로 미국에서 새로운 세대 사이에 '돌리 파튼 챌린지'라는 캐릭터 놀이가 유행한 적이 있습니다. 미국에서 가장 많이 사용하는 네 가지 소셜 미디어 속 자신이 어떻게 보이는지를 한번에 드러내 얼마나 다른지를 보여주는 놀이인데요, 가장 많이 활용된 소셜 미디어가 링크드인, 페이스북, 인스타그램, 틴더였습니다.

링크드인은 자신의 직업과 전문성을 극대화하는 소셜 미디어로 링크드인 속 자신은 가장 전문가적인 이미지를 극대화합니다. 페이스북은 다른 사람들 속에서 자신이 얼마나 인기가 있는지를 드러내는 사진으로, 인스타그램은 자기 삶이 얼마나 멋진지를 보여주는 사진으로 표현하고, 마지막으로 틴더는 이성을 사귀는 소셜 미디어로 자신이 이성에게 얼마나 매력적인지를 드러내는 사진을 보여줍니다. 그 사진을 한번에 동시에 보여줌으로써 얼마나 다른 자신이 있는지를 알려줍니다.

새로운 세대는 다른 나를 표현하는 단어로 '부캐'라는 말을 씁니다. 부캐는 온라인 게임에서 사용하던 용어로, 본래 사용하던 계정이나 캐릭터 외에 새롭게 만든 부가 캐릭터를 줄여서 부르는 말입니다. 새로운 세대에게 게임이 일상생활이 되면서 온라인 게임 속 '부캐'라는 단어가 일상생활에서 '평소 내 모습이 아닌 새로운 모습이나 캐릭터로 행동할 때'를 가리키는 말로 확대·적용되고 있습니다. 새로운 세대는 스스로 자신의 새로운 모습이나 캐릭터를 인스타그램 등에 생성하면서 게임 속 다양한 캐릭터를 만들어내듯이 가상공간 속에서 다양한 나를 만들어냅니다.

● 사람이 아닌 콘텐츠, 사물과 능숙하게 소통 ●

새로운 세대는 전화통화보다 카카오톡이나 라인, 와츠앱 등 메신저앱을 이용해 소통하는 것을 더 편안하게 생각합니다. 그 이유는 전화 받는 쪽 상황이 어떤지 모르고, 아주 급박한 상황이 아니라면 메신저로 이야기하는 사람과 듣는 사람이 서로 가능한 시간과 장소에서 소통하는 것을 선호하기 때문인데요, 사실 피처폰 때도 당시 젊은이들은 전화보다 문자를 통한 소통을 선호했지만 문자 비용이 비싸서 전화를 사용할 수밖에 없었습니다. 하지만 4G와 스마트폰 등 기술 발달로 이제는 무료 또는 아주 저렴하게 음성 이외에 문자, 이미지, 동영상을 사용할 수 있어 영상이 소통의 주요 수단이 된 것 같습니다.

　하지만 재미있는 현상도 나타나고 있는데요, 새로운 세대는 사람들과 음성 전화는 불편해하면서 인공지능 또는 IoT의 사물과는 말로 대화하는 모습을 쉽게 볼 수 있습니다. 이들은 스마트폰에서는 애플의 시리, 구글의 구글 어시스턴트, 삼성의 빅스비, 스마트 스피커 등에서는 물론 아마존의 알렉사, SKT의 아리, KT의 지니 등 사물과 마치 사람에게 하듯이 편안하게 많은 대화를 나눕니다. 이는 두 가지 관점에서 생각할 수 있는데요, 하나는 음성은 여전히 사람들이 편하게 생각하는 소통 수단이라는 것입니다. 둘째는 사람들이 다른 사람과 얘기하듯이 기기 또는 인공지능과 대화한다는 것입니다. 여기서 중요한 것은 그 편안해하는 음성 소통을 사람이 아닌 인공지능 또는 사물 인터넷의 사물과 한다는 사실입니다.

게임은 가장 발전된 소통 수단[58]

새로운 세대에게 일상이 된 게임은 이제 오락엔터테인먼트이 아닌 소통의 관점에서 보아야 합니다. 사람은 학습을 통해 끊임없이 진화하기에 항상 누군가와 보고, 듣고, 이야기합니다. 그 대화 상대가 바로 앞의 사람일 수도 있고, 또 얼마 전에서 몇백 년 전, 몇천 년 전에 살던 이들이 기록한 콘텐츠일 수도 있지요. 옛날 사람들은 글자텍스트로 생각을 책에 기록했습니다. 그리고 사진이미지이 등장하면서 사진과 글

---

58) 게임은 가장 진보적인 소통 수단이다(신동형, 2016).

을 함께 활용해 직관성을 높여 정보를 전달했는데요, 스마트폰이 활성화되면서는 텍스트, 이미지, 음성을 포함한 영상이 소통 매체의 중심으로 자리 잡았습니다.

하지만 대부분 콘텐츠는 시청 중심의 일방적 전달 방식이므로 아직은 상호 소통 부분이 약합니다. 게임은 영상과 상호반응과 소통이 전제되는 매체입니다. 사용자들은 온라인으로 연결된 게임을 사이에 두고 서로 얼굴과 목소리를 교환하며 이야기할 수 있습니다. 또 게임 내에서 음성 또는 문자 채팅을 제공하지 않는 경우, 새로운 세대들은 디스코드Discord라는 게임에 특화된 음성 채팅 서비스를 찾아서 사용하고 있습니다. 이처럼 게임은 적극적으로 상호반응하고 소통하는 매체입니다.

이런 관점에서 보면 독서, 영화감상, 방송시청, 채팅, 게임은 모두 소통이라는 기능을 구현하는 각각 다른 방식의 수단입니다. 하지만 게임은 지금까지 다른 매체들에 비해 낮은 평가를 받고 있습니다. 심지어 게임은 질병이라고 평가절하되기도 하는데요, 비록 낮은 평가를 받을지라도 게임이 영상에 상호작용이라는 소통 방식을 포함한 가장 발전된 소통 수단이라는 사실은 사라지지 않습니다. 게임 이용자들은 이런 소통 방식에 익숙하기 때문에 새롭게 다가오는 20년 혁신을 가장 반길 것입니다. 특히 새로운 세대는 스마트폰과 함께 태생적으로 게이머이기 때문에 게임 속 세상에서 소통하는 것을 가장 편하게 느끼며, 그 속에서 사람이든 사물이든 편하게 이야기하는 것을 태생적으로 갖고 있거나 학습하고 있습니다.

친구보다 더 잘 통하는 스마트폰

어쩌면 세상에서 나를 가장 잘 아는 것이 스마트폰일지도 모릅니다. 내가 좋아하고 자주 사용하는 앱들이 설치되어 있고, 내 손 또는 주머니, 가방 안에서 내가 하는 모든 행동과 활동을 알고 또 내가 말하는 모든 것을 들을 수 있기 때문인데요, 예전에는 가장 친한 베프^{베스트 프렌드}와 내 일상의 거의 모든 것을 공유했습니다. 그래서 그 친구를 만나면 설명하지 않고 한마디만 해도 또는 내 얼굴 표정 하나만으로도 나를 이해하므로 잘 통하고 더 많은 이야기를 할 수 있었는데요, 하지만 지금 새로운 세대는 스마트폰을 통해 다양한 소셜 미디어, 유튜브 채널을 운영하고 또 스마트폰을 통해 더 넓고 손쉽게 사람들을 만나기 때문에 예전처럼 사람 친구가 스마트폰보다 나를 더 잘 안다고 할 수 없습니다.

하지만 스마트폰 속 서비스들은 내가 그 서비스를 이용할 때의 활동만 그리고 그 서비스 속에서 나만 기억하고 잘 이해해줍니다. 이는 우리가 항상 같은 친구를 만나기보다는 운동을 할 때, 독서를 할 때, 특정 음식을 먹을 때 다른 친구들을 만나 함께 특정 활동과 그에 한정된 생각을 공유하는 것과 마찬가지지요. 이런 측면에서 오프라인에서 만나던 친구의 역할을 새로운 세대에게는 스마트폰 속 앱 서비스들이 대신해주는 것 같습니다. 새로운 세대는 TPO에 맞게 친구를 만나듯 스마트폰 앱을 이용하는 것과 같다고 할 수 있습니다.

스마트폰을 넘어 다양한 기기로 가상 세상과 접속

새로운 세대 중 미국에 거주하는 어린 세대에게 애플의 시리, 구글의 구글 어시스턴트, 아마존의 알렉사와 같은 인공지능 서비스가 일상적이라는 이야기도 많이 듣습니다. 예를 들어 디즈니 〈모아나〉라는 애니메이션의 팬이고 집에 알렉사 스피커가 있다면, 그 어린이는 유치원에서 집에 돌아오자마자 "알렉사Alexa, 〈모아나〉를 틀어줘Turn on MOANA"라고 말할 테지요. 그러면 알렉사가 텔레비전과 〈모아나〉 영화를 틀고 어린이는 텔레비전 앞에서 〈모아나〉를 보면서 노래를 따라 하고 춤도 같이 출 것입니다. 알렉사가 없었던 과거에는 텔레비전 리모컨을 이용하는 데 서툰 아이가 엄마에게 〈모아나〉를 틀어달라고 졸랐을 텐데 말입니다.

미국에서는 아마존 알렉사를 통해 도미노 피자를 시킬 수 있고, 우버 택시를 부를 수도 있습니다. 새로운 세대는 애플와치를 통해 일정, 날씨, 뉴스 등을 시리와 이야기하기도 합니다. 이처럼 새로운 세대는 이미 음성을 통해 마치 사람과 이야기하듯 인공지능 또는 IoT 기기들과 소통합니다. 재미있는 것은 점점 더 전화로 사람들과 음성 통화하기는 불편해하면서 기기들과 음성 소통에는 더 익숙해하고 있다는 점입니다.

음성 외에 메신저, 챗봇을 통해 문자로 묻고 답하는 것도 새로운 세대에게는 너무나 익숙합니다. 물론 인공지능이 뒷받침되는 문자로 묻고 답하는 데는 사람과 차이가 나지 않을 정도로 유사한 기술적 진보도 있지만 더 중요한 것은 새로운 세대가 전혀 불편해하지 않는다는 것입니다. 이는 가상 온라인 세상 속에서는 사람과 기기, 인공지능 간 소통이 일상이 될 20년 혁신으로 사람들이 적응해나가고 있다는 것으로 볼 수 있습니다.

● 인공지능, 로봇과 함께하는 일상 ●

발전된 인공지능과 로봇이 정신적·물리적 노동을 대신해주므로 사람들은 자신의 취향, 관심에 조금 더 집중하는 삶을 살 수 있습니다. 이는 과거의 예에서 근거를 찾을 수 있는데요, 세탁기, 청소기, 밥솥, 전자레인지 등 가전 기기는 시간과 노동력을 많이 써야 하는 가사 노동으로부터 사람들을 해방시켰습니다. 또 PC 보급은 타자기로 각종 문서와 자료를 작성해주는 타자수라는 직업도 역사 속으로 사라지게 했습니다.

이 순간에도 디지털화가 계속 진행되면서 단순 반복하는 일이나 데이터화할 수 있는 활동들은 사라지고 있습니다. 물론 아직도 회사 업무와 관련해 증빙 자료를 요청받으면 많은 곳에서 서류를 출력해 풀로 붙여서 내기도 하지요. 하지만 기업들은 자동으로 증빙 자료가 송부되거나 이메일에 첨부해 보내는 시스템을 많이 도입하고 있습니다.

이런 페이퍼리스Paperless 환경은 일상에서도 많이 볼 수 있는데요, 예전에 종이로 출력해 우체국을 통해서 전달하던 지로용지를 대신해 카톡 등 메신저 앱으로 내용이 전달됩니다. 또 병원에서 치료받고 약국에 전달하는 처방전도 환자가 종이로 출력해서 직접 약국까지 들고 갔지만, 점차 지정된 약국에 이메일 또는 이팩스로 전달하는 시스템이 병원과 약국에서 도입되고 있습니다.

이처럼 현재 진행되는 부분들은 인공지능과 IoT 사물을 통해 노동력을 보완하거나, 디지털화와 연결해 불필요한 과정을 줄여나가는 것들이 많습니다. 하지만 새로운 세대가 당연하게 느낄 인공지능이 적용된 자동화 환경에서는 어쩌면 사람들이 인공지능과 경쟁해야 하는 상황도 올 수 있는데요, 먼저 단순한 현황을 확인하거나 확인된 현황을 입력하는 업무는 대부분 인공지능과 사물로 대체될 것입니다.

다행히 새로운 세대는 이미 스스로 찾아서 능동적으로 도전할 수밖에 없는 환경 또는 상황 변화 속에서 유연하게 스스로 학습하며 성장하고 있습니다. 그래서 그들에게 사라질 업무에 대한 우려는 아주 크지는 않을 텐데요, 하지만 항상 더 창의적이고 도전적이어야 한다는 점이 그렇지 않은 사람들에게는 고통일 수밖에 없습니다. 또 창의적이고 도전적인 삶은 어쩌면 기기, 인공지능, 로봇과 경쟁해서 이겨야 하는 새로운 세대의 어려움을 긍정적인 표현으로 바꾼 단어일 뿐 지금까지 인류의 다양한 세대에게 주어진 가장 어려운 과제일 것입니다.

10장

기성세대, 새로운 일상에 적응하다

새로운 MZ세대가 아닌 기존 세대도 스마트폰 이후의 새로운 변화를 받아들일 준비를 하고 있습니다. 이들은 스마트폰을 통해서 다양한 기기를 제어하거나 인공지능과 소통하는 방식에 은연중 적응하고 있습니다. 또 연결 환경 속에서 스마트폰이 아닌 사물 인터넷 또는 XR 기기들도 필요할 경우 수용해 경험하고 있습니다. 이처럼 기존 세대들은 스마트폰을 통해 또는 그 경험을 통해 새로운 변화를 받아들일 준비를 하고 있습니다.

● 스마트폰 플러스에 적응 ●

스마트폰으로 얻은 다양한 경험이 스마트폰 이후의 새로운 혁신을 수용하는 기반이 되었는데요, 스마트폰을 통한 새로운 변화 준비는 세 가지 관점에서 살펴볼 수 있습니다.

첫째, '이제 스마트폰은 스마트폰 밖의 세상을 연결하는 수단일 뿐!'입니다. 사람들은 스마트폰을 신체 일부처럼 생각하며 항상 몸에 지니지만, 실제 이용하는 것은 스마트폰 속의 앱 서비스입니다. 즉, 사람들은 스마트폰에 설치된 네이버 쇼핑이나 쿠팡 등을 이용해 생필품 또는 갖고 싶은 상품을 구매합니다. 또 야식 생각이 나지만 나가기 귀찮을 때 배달의민족 앱을 켜고 주문합니다. 따라서 이제 인터넷 연결이 안 된 스마트폰 속 앱 서비스들은 의미가 없습니다.

스마트폰 초기 통신 환경이 좋지 않았을 때는 인터넷이 연결되지 않아도 사용할 수 있는 앱이 몇몇 있었지만, 지금 인터넷 연결 없이는 스마트폰은 그냥 쓸모없는 기기가 되어버렸습니다. 이는 스마트폰의 앱 서비스들이 스마트폰 밖의 클라우드를 통해 제공되기 때문입니다. 이처럼 우리는 스마트폰이 세상 변화의 중심이라 생각해왔지만, 오히려 스마트폰 밖의 서비스, 인터넷, 클라우드 등이 생활 변화를 만들어가고 있습니다.

둘째, 지금은 '사람들이 소통하는 대상이 스마트폰을 넘어서 다양한 기기로 흡수되는 중!'입니다. 이제 극장 매표소 또는 버거킹, 롯데리아 등 패스트푸드점에 큰 스마트폰, 즉 무인기기Kiosk가 사람을 대신해서 자리 잡는 모습을 볼 수 있습니다. 스마트폰에서 극장표를 예매하고, 패스트푸드를 선주문하는 프로세스와 거의 동일한 방식으로 화면만 커진 스마트폰인 무인기기가 점점 보편화되고 있습니다. 이처럼 스마트폰을 통해 소통했던 방식이 손안의 기기를 넘어 더 다양한 기기 및 영역으로 확대·적용되고 있습니다.

셋째, '이제 기기들이 스마트폰을 통한 간접 연결을 넘어 직접 연결해 소통 중!'입니다. 예전에는 주변 기기가 스마트폰으로만 연결이 가능했습니다. 하지만 지금은 직접 통신망과 연결되어 전화가 되고, 자기 위치를 알려주는 스마트와치도 있습니다. 또 스마트폰에 저장된 음악을 재생하던 스피커도 스스로 분위기에 맞추어 음악을 틀고 심지어 스마트 스피커가 되어 다른 기기를 켜거나 제어하는 역할도 직접 합니다.

● 홈트를 통한 가상 세상 속 연결과 사물 인터넷 경험 ●

코로나19 이후 새로운 일상에서 '홈트'가 인기를 끌고 있습니다. 홈트는 홈 트레이닝의 줄임말로 집에서 운동하는 방식인데요, 코로나19로 다중 이용시설인 헬스장이나 체육시설 등을 방문할 수 없게 되면서 각광받고 있습니다. 홈트의 인기로 아령이나 러닝머신 등 운동기구의 판매량이 늘었습니다. 미국에서는 운동기구 가격이 올라가기도 했는데요, 대부분 중국에서 제조해 들여왔던 운동기구들을 수입하기 어려워지면서 발생한 현상이라고 합니다. 그뿐만 아니라 홈트 관련 산업도 급속도로 성장했습니다.

각광받는 기업으로 펠로톤Peloton[59]이 있는데, 이 기업의 2020년 10월

---

59) Peloton Interactive, 홈 피트니스계의 절대 강자(이영진, 2020).

8일 시총은 355억 달러로 2019년 9월 23일 상장일 시총 대비 거의 5배로 뛰기도 했습니다. 이는 코로나19로 홈트 이용자가 폭발적으로 증가했기 때문입니다. 펠로톤은 실제 모여서 운동하는 체육관이 아니라 집에서 온라인으로 연결해 다른 사람과 함께 운동할 수 있도록 하드웨어와 소프트웨어 서비스를 제공합니다.

펠로톤이 제공하는 서비스를 수익 모델 관점에서 살펴보면 두 가지로 나눌 수 있습니다. 첫째는 펠로톤 콘텐츠 서비스에 최적화된 대형 HD 터치스크린 모니터가 달린 피트니스 바이크 또는 트레드밀을 판매하는 하드웨어 판매입니다. 둘째는 라이브 또는 녹화 피트니스 클래스를 수강할 수 있는 구독 서비스로 하드웨어와 콘텐츠를 결합한 구독 사업과 콘텐츠만 구독하는 사업 등 콘텐츠 판매 사업입니다.

펠로톤은 운동은 내가 원할 때 혼자 하면 된다고 생각하는 선입관을 공격한 사업입니다. 하지만 홈트는 외로운 운동이고 또 잘 지켜지지 않아 함께 운동하고자 하는 시장 요구가 있었고, 이것이 코로나19 이후 폭발적으로 증가했습니다. 그래서 펠로톤 이용자는 대부분 각자 집에서 접속해 전문 피트니스 강사의 피드백을 받고 서로 교류하면서 운동하는 라이브 수업에 참여합니다. 마치 헬스클럽에서 혼자 바이크를 타는 것보다 PT나 그룹 운동Group Exercise, GX이 더 인기 있는 이유이기도 하지요.

이처럼 홈트를 하면서 사람들은 가상 디지털 세상에서도 실제처럼 다른 사람들과 연결되어 함께 운동하고, 또 하드웨어 기기에 연결된 센서를 통해 기록이 저장되고 공유되는 경험을 했습니다.

펠로톤 하드웨어와 서비스

● 새롭게 일하는 방식도 적응 중 ●

코로나19와 함께 사람들은 PC와 스마트폰을 이용해 사무실이 아닌 장소에서 화상회의를 하고, 협업을 하고, 원격 근무를 강제 경험하게 되었습니다. 원격 환경에서 근무자는 업무에 더 집중할 수 있어 생산성이 높아지는 효과를 경험했습니다. 또 기업은 출퇴근 거리에 상관없이 인재를 채용하고 일을 함께할 수 있어 새로운 운영방식도 경험하게 되었습니다. 하지만 원격 환경에서 일하면서 '단절감과 외로움' '소외감' '소통 부재' 등 새롭게 해결해야 할 문제도 함께 나타났습니다.

이를 해결하는 방안으로 조금 더 현실감 있는 화상회의를 할 수 있도록 확장현실을 접목한 스페이셜Spatial, 미팅VRMeeting VR 등과 같은 서비스들이 출시되며 사람들의 관심을 끌고 있습니다. 사용자의 외모를 본떠 만든 아바타, 손 또는 손가락까지도 표현하는 몸짓 언어로 조금 더 현장감을 느끼게 해주었는데요, 이를 통해 기존 화상회의 등 원격 근무에서 느낄 수 있는 단절감과 소외감을 줄이고자 노력하고 있습니다.

의외로 확장현실 환경에 딱 맞는 분야도 나타났습니다. 3차원 360

확장현실을 이용한 협업[60]

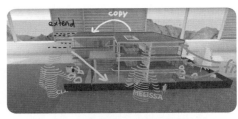

---

60) The Wild 홈페이지(http://thewild.com). EXXAR 홈페이지(http://www.exxar.cloud).

도 도면으로 이야기해야 하는 건축·인테리어 설계 그리고 제품 디자인이 바로 그 영역인데요, 코로나19 이전이었다면 원활히 소통하려고 출장을 선택해 한자리에서 도면을 보며 이야기하거나, 각자 근무지에서 컴퓨터 화면 속 모형을 보며 이야기할 수밖에 없었습니다. 하지만 확장현실 덕분에 가상공간 속 한곳에 모여 3차원 360도 모형을 보며 그 자리에서 원활히 소통하게 되었습니다.

이처럼 기성세대도 원격 근무 환경에서 이미 확장현실을 강제로 체험하면서 미래를 미리 경험하고 있습니다.

Beyond
Change

4부

스마트폰리스 세상의 모습

기술과 산업의 변화, 사람들의 준비가 유기적으로 결합되어 사람들의 일상, 사회, 경제 변화를 만들어낼 것입니다.

먼저, 확장현실이 보편화되면 다양한 데이터를 한눈에 볼 수 있으면서도 실제처럼 구현된 가상 세상에서 사람들은 지금보다 더 많은 시간을 보낼 것입니다. 심지어 그곳에는 물리적 한계가 없어 누구나 실제 자신의 육체적 제약을 초월하는 새로운 모습을 선택할 수 있습니다. 이처럼 나를 대신할 새로운 나, 즉 아바타로 활동하는 실제처럼 구현된 가상 세상을 메타버스라고 하는데, 앞으로 사람들의 생활은 메타버스와 함께 새롭게 변화할 것입니다.

둘째, 사람들이 메타버스라는 가상 속에서 일하고 생활하면서 굳이 복잡하게 도시에서 모여 살아야 할 이유가 점차 없어질 것입니다. 실제 몸은 떨어져 있으면서도 가상 사무실에서 함께 일하고, 가상 카페에서 함께 이야기하고, 가상 극장에서 함께 영화도 볼 수 있을 테니 말입니다. 또 배달 로봇 또는 드론이 집 앞까지 유명 레스토랑에서 먹는 음식 그대로 배달하거나 다양한 생필품을 가져다줍니다. 이 때문에 거주비가 많이 드는 복잡한 도시에서 생활할 필요성이 점점 더 줄어듭니다. 앞으로 거주 형태가 바뀌면서 원격사회로 전환될 것입니다. 그러면서 새로운 로컬 문화들이 성장하겠지요.

셋째, 메타버스와 사물 인터넷이 끊임없이 쏟아내는 데이터는 인공지능과 접목되어 사물에 생명을 부여하고, 사람의 언어로 대화하게 할 텐데요, 데이터가 접목되어 새로운 부가가치를 창출해 그 가치가 무한대로 커질 수 있어 사람들이 데이터 중심으로 생각을 바꿀 것입니다.

이처럼 기술과 산업의 변화 그리고 사람들의 수용이 가져올 세 가지 변화인 메타버스, 원격사회, 데이터 경제를 조금 더 구체적으로 알아보겠습니다.

11장
메타버스, 생활의 중심은 디지털

호접지몽胡蝶之夢은 중국 전국시대 사상가인 장자가 지은 《장자》〈제물론〉편에 나오는 이야기입니다. 장자가 어느 날 꿈을 꾸었습니다. 그 꿈에서 나비가 되어 꽃들 사이를 즐겁게 날아다니다가 문득 깨어보니, 자기는 다시 장자가 되어 있었습니다. 여기서 장자는 스스로 자기가 꿈속에서 나비가 되었는지, 아니면 나비가 꿈속에서 자신이 되었는지 구분할 수 없었습니다. 나비인 사물과 장자 자신 그리고 꿈도 현실도 구별이 없는 물아일체의 경지에 다다른다는 이야기로, 장자는 나비의 꿈이라는 의미로 호접지몽이라 명명했습니다.

　향후 확장현실은 실제와 같은 3차원 360도 콘텐츠를 제공하므로 사람들은 콘텐츠 속에 들어가 즐기며 생활하고 일하게 됩니다. 그리고 확장현실에 적응하는 과정에서 가상이든 현실 세상이든 상관없이 '나' 중심으로 활용할 것입니다. 즉, 가상 속의 나와 현실 세상 속

나의 구분이 없어져 앞으로 우리 삶은 장자의 호접지몽의 현실판이 되지 않을까 하는 생각도 듭니다.[61]

● 메타버스의 재조명 ●

메타버스Metaverse는 공상과학 소설가 닐 스티븐슨Neal Stephenson이 자기 소설《스노 크래시Snow Crash》에서 처음 언급한 말입니다. 스티븐슨이 소설에서 묘사한 메타버스는 사용자를 대신해 활동하는 분신인 아바타가 활동하는 무대였습니다. 그 모습은 2009년 제임스 카메론 감독이 제작한 영화 〈아바타〉를 생각하면 될 듯도 하네요. 이처럼 소설과 영화에서 존재해왔던 메타버스는 이제 우리 현실 속에서 그 모습을 드러내고 있습니다.[62]

메타버스, 아바타와 실제처럼 구현된 디지털 현실
'사이에, 뒤에, 넘어서'라는 뜻의 메타meta와 우리가 사는 세계, 즉 우주를 의미하는 버스유니버스, Universe의 합성어인 메타버스는 현실 공간이 아닌 디지털 세상으로 정의할 수 있습니다. 메타버스라는 용어가 처음으로 관심을 받게 된 것은 2003년 세컨드 라이프Second Life라는 3차원 공간에서 아바타들이 활동하는 소셜 커뮤니티가 반향을

---

61) 가상현실의 확장 개념 '메타버스'(김준래, 2019).
62) 메타버스의 정의(Gadgeteer, 2009).

일으켰을 때였지요. 그리고 2020년 말 인공지능의 확산과 함께 주목받는 기업인 엔비디아의 창업자 겸 CEO 젠슨 황이 "지난 20년을 압도하는 수준으로 앞으로 향후 20년 동안에는 공상과학영화에서 보던 일이 시작될 것이며, 대표적인 예로 메타버스가 오고 있다"라고 언급하면서 다시 한번 메타버스가 주목받고 있습니다.[63]

물론 유명인사가 언급했으니 관심을 받을 수도 있겠지만, 메타버스가 다시 관심을 받는 이유는 두 가지로 정리할 수 있습니다. 첫째, 코로나19 이후 위험하고 불안한 현실 세상에서 벗어나 안전하고 편안한 새로운 세상을 원하는 사람들의 바람이 간절합니다. 둘째, 앞서 살펴본 것처럼 5G망과 함께 확장현실이 구현 가능해지고, 앞으로 더 실제처럼 구현된 디지털 세상이 도래하는 등 기술적 뒷받침도 이제 가능하기 때문인데요, 이처럼 사람의 욕망과 기술적 기반이 갖추어졌기에 이번에는 메타버스가 제대로 자리매김할 것입니다.

메타버스는 디지털 세상이라 지칭할 수 있는 온라인보다 더 적극적인 공간입니다. 그 이유는 첫째, 아바타입니다. 지금까지 온라인 공간은 실제 세상의 흔적을 기록하는 보완적 공간이었으므로 온라인 속 내가 실제 나와 같다는 것을 증명하는 일이 중요했습니다. 그래서 프로필이 걸려 있고, 그 아래 기록이 남았습니다. 하지만 메타버스는 실제 나를 대신하는 아바타가 디지털 공간 속 주인공이 되어 활동합니다. 심지어 그 아바타는 현실 세상에서 불가능한 육체

---

63) [IT큐레이션] 욕망의 바다에 몸을 적신다… 메타버스(Metaverse)(최진홍, 2020).

적 한계를 쉽게 뛰어넘을 수 있어 내가 되고 싶은 어떤 것도 되게 해 줍니다.

둘째, 실제처럼 구현된 디지털 세상입니다. 기존 온라인 세상은 스마트폰, 텔레비전, PC 모니터 화면 속 단절된 공간이었지만, 이제 사람들은 콘텐츠 세상으로 들어가 활동합니다. 내가 게임 캐릭터를 조정하는 것이 아니라 게임 속 공간으로 들어가 직접 활동하는 것이 지요. 이처럼 메타버스가 더 적극적인 디지털 공간인 이유가 메타버스를 정의하는 핵심입니다. 즉, 메타버스는 '아바타'가 활동하는 '실제처럼 구현된 디지털 세상'으로 정의됩니다.

메타버스를 설명하는 기존 시나리오 네 가지

메타버스 연구는 세컨드 라이프가 관심을 받을 때 시작되었습니다. 2006년 메타버스의 시나리오를 설명할 수 있는 내용이 나왔습니다. 메타버스 범주는 구현하는 기술적 측면과 활용하는 사용자 측면에서 네 가지로 분류합니다. 기술적 측면에서는 현실에 디지털을 접목하는 증강Augmentation과 디지털로 완전하게 구현하는 가상Virtualization으로 구분할 수 있습니다. 사용자 측면에서는 사용자 자신의 의지를 표출하며 행동하는 공간인지, 관찰하는 공간인지에 따라 구분합니다.

첫째, 일상의 디지털화Lifelogging입니다. 대표적 예로 사용자 자신이 직접 글, 사진 등을 올리고, 친구를 맺고, '좋아요, 구독' 등의 행동을 하는 소셜 미디어 서비스Social Media Service가 있습니다. 일상의 디지털화 관점에서는 5G와 함께 사물 인터넷이 활성화되기 때문에 앞으로 사람을 넘어 사물이 경험하는 일상 정보를 데이터로 수집하고, 저장하고, 묘사하는 서비스로 발전할 것입니다.

둘째, 가상현실Virtual Reality입니다. 실제로 존재하지 않지만 컴퓨팅 파워로 실제처럼 느끼게 시뮬레이션한 디지털 세상입니다. 2018년 개봉한 스티븐 스필버그 감독의 영화 〈레디 플레이어 원〉 속 오아시스가 그 예인데요, 가상현실은 사용자 자신의 의지를 표출하고 행동하고 상호작용하는 디지털 세상입니다. 확장현실 게임을 포함한 다양한 게임과 페이스북이 발표한 페이스북 호라이즌을 비롯해 확장현실 소셜 미디어 서비스가 이에 해당합니다.

셋째, 실제 세상의 디지털화Mirror World입니다. 실제 세상을 그대로 투영·복제한 디지털 세상인데요, 쉽게는 네이버 지도, 카카오맵, 구글 어스 등이 그 예인데요, 디지털 세상에 실제 세상에 존재하는 사물, 장소 등을 그대로 투영했으므로 더 정확하게 매칭 또는 매핑하는 방향으로 발전할 것입니다. 여기서 이런 질문이 나올 수 있는데요, 앞서 살펴본 극사실주의 게임인 MS의 〈플라이트 시뮬레이터 2020〉은 가상현실인지 실제 세상의 디지털화인지 말입니다. 둘 다 해당할 수도 있지만 게임이라는 특성에 집중한다면 가상현실이 될 것이고, 극사실주의에 집중한다면 실제 세상의 디지털화가 될 것입니다.

넷째, 증강현실Augmented Reality입니다. 현실 세상에 있는 물리적 대상에 텍스트, 이미지, 음성, 영상 등을 겹쳐 보여주는 디지털 공간입니다. 쉽게는 마블 어벤저스의 아이언맨이 실제 세상을 보는 안경에 데이터를 투영한 장면을 떠올리면 됩니다. 메타버스 4분류 중 4사분면에 해당하며, 사용자 밖의 세상을 보는 3인칭 시점에서 현실 세상의 실제 데이터를 매핑하는 메타버스 시나리오라고 생각하면 됩니다.

메타버스의 4가지 시나리오[64]

증강(Augmentation)

증강현실(Augmented Reality) ● 현실 세계에 있는 아날로그적 · 물리적 대상에 디지털 데이터를 겹쳐 보여주는 기술 ● 실제 현실 세계에 투영함으로써 실제감이 높고 몰입도 유도 가능	**일상의 디지털화(Lifelogging)** ● 사람 또는 사물이 경험하는 일상 정보를 데이터화해 수집하고 저장 · 묘사함 ● 예시로 인스타그램, 페이스북 등 소셜 미디어가 있음
실제 상상의 디지털화(Mirror World) ● 현실 세계를 디지털 세상으로 투영시킴 ● 지리적 또는 정보적으로 정확한 방식으로 매핑하려고 함 ● 예시로 구글 어스(Google Earth)가 있음	**가상현실(Virtual Reality)** ● 실제처럼 느끼게 한 컴퓨터로 시뮬레이션한 온라인 디지털 가상 세상 ● 개인 또는 사물의 자아 또는 행위에 초점이 맞춰져 있음 ● 예로 게임, 페이스북 호라이즌 등이 있음

사용자 밖 세상을 관찰 (External)

사용자가 적극적 개입 (Intimate)

가상(Virtualization)

● **메타버스 2.0이란** ●

2006년 정의된 메타버스 시나리오는 친숙한 것 같으면서도 지칭하는 단어로 인한 어색함 때문인지 낯설게 느껴집니다. 그래서 2020년대 용어로 재해석해보려고 하는데요, 우선 증강현실과 가상현실은 모두 확장현실로 통합 지칭할 수 있습니다. 우리가 이미 메타버스 세상에 발을 내디뎠다는 사실을 인지할 수 있습니다.

둘째, 일상의 디지털화는 내 흔적을 디지털 공간에 남기는 소셜 미디어가 될 것입니다. 앞으로는 아바타가 실제 나를 넘어서서 더

---

64) Metaverse Roadmap(pathway to the 3D web)(John Smart, Jamais Cascio, Jerry Paffendorf, 2006).

메타버스의 재해석

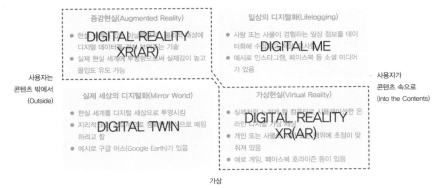

증강(현실+디지털)

증강현실(Augmented Reality)
DIGITAL REALITY XR(AR)
- 현실 세계에 만들어진 가상의 대상에 디지털 데이터를 입혀 보여주는 기술
- 실제 현실 세계에 투영함으로써 실제감이 높고 몰입도 유도 가능

일상의 디지털화(Lifelogging)
DIGITAL ME
- 사람 또는 사물이 경험하는 일상 정보를 데이터화해 수집
- 예시로 인스타그램, 페이스북 등 소셜 미디어가 있음

사용자는 콘텐츠 밖에서 (Outside)

사용자가 콘텐츠 속으로 (Into the Contents)

실제 세상의 디지털화(Mirror World)
DIGITAL TWIN
- 현실 세계를 디지털 세상으로 투영시킴
- 지리적 세상을 디지털 세상으로 매핑하려고 함
- 예시로 구글 어스(Google Earth)가 있음

가상현실(Virtual Reality)
DIGITAL REALITY XR(AR)
- 실제처럼 느끼게 할 컴퓨터로 시뮬레이션한 온라인 디지털 가상 세상
- 개인 또는 사물의 행위에 초점이 맞춰져 있음
- 예로 게임, 페이스북 호라이즌 등이 있음

가상

적극적인 활동을 할 것이므로, 실제 나와 대등한 관계인 디지털 미DIGITAL ME라는 말로 재정의할 수 있습니다. 디지털 미는 소셜 미디어를 넘어 게임, 쇼핑 등 디지털 공간에서 생활할 것으로 예상됩니다.

셋째, 실제 세상의 디지털화는 현실을 그대로 복제한다는 측면에서 현재의 '디지털 트윈Digital Twin'과 유사합니다. 디지털 트윈은 미국 제너럴일렉트릭GE이 주창한 개념으로 그들은 컴퓨터에 현실 속 사물의 쌍둥이를 만들고, 현실에서 일어날 수 있는 상황을 컴퓨터로 모의 실험해 그 결과를 예측하는 기술로 정의합니다.[65] 물론 이들 둘

---

65) 디지털 트윈 기술 발전 방향(이광기 · 유호동 · 김탁곤, 2018).

사이에도 차이는 있는데요, 실제 세상의 디지털화가 단순히 현실을 복제한다는 측면이 강하다면, 디지털 트윈은 모의실험^{시뮬레이션} 또는 자동화라는 목적성이 조금 더 강합니다.

디지털 트윈이 기업 영역에서 활용되는 영역이라 일반인들에게 생소할 수 있는데요, 그 특징과 이점을 조금 더 살펴볼까요?

넷째, 디지털 트윈은 모의실험으로 실제 구현 또는 작동하기 전에 다양하게 검증해서 개발 비용과 시간을 줄일 수 있습니다. 이탈리아 스포츠카 브랜드 중 하나인 마세라티는 풍동 테스트와 시험 주행 등에서 디지털 트윈을 활용합니다.

먼저 마세라티는 디지털 시스템으로 실제 자동차를 개발하는 동시에 원본과 100% 같은 가상의 사본을 생성했습니다. 그리고 공기역학적 측면에서 차체 최적화 방안을 찾는 풍동 테스트에 디지털 트윈에서 얻은 데이터를 기반으로 빠르게 테스트하고 저렴하게 가상 개발을 하면서 시간과 비용을 줄였습니다. 또 차량을 실제 도로와 시험장으로 보내 데이터를 수집한 다음, 수정된 조건에서 필요한 만큼 시험 주행을 반복하는 등 디지털 트윈을 통해 시험 주행 비용을 절감했습니다.[66]

둘째, 디지털 트윈으로 축적한 데이터와 모의실험한 결과를 실제 생산 공정 등에 적용해 자동화된 공정 운영이 가능해집니다. 마세라티 제조 공정에서 이미 활용하고 있습니다. 이런 관점에서 디지털

66) 마세라티의 성공과 디지털라이제이션(스마트앤컴퍼니, 2016).

마세라티의 시뮬레이션[67]

트윈은 앞서 살펴본 인공지능을 접목한 사물 인터넷, AIoT와 함께 발전하고 있다고 볼 수 있습니다.

● 게임은 메타버스 자체 ●

메타버스의 궁극적 모습은 스티븐 스필버그 감독의 〈레디 플레이어 원〉일 텐데요, '오아시스'라는 가상 세계에 플레이어들은 각종 하드웨어XR 기기, 감각 수트, XR용 트레드밀로 접속해서 모여듭니다. 각각 플레이어는 아바타가 존재하며 오아시스 속에서 친분, 연애 등 사회적 관계를 형성해 다양한 활동을 합니다. 만약 오아시스 안에서 물건을

67) 같은 글.

구매한다면 현실 세계에서 실제 제품으로 배달됩니다. 이는 가상과 실제가 분리되지 않고 한 공간처럼 연동되어 사회 활동과 상거래가 발생하는 메타버스가 지향하는 모습이 아닐까 합니다.

이미 메타버스는 게시판, 소셜 미디어, 게임, 디지털 트윈 등에 활용하고 있습니다. 하지만 2차원을 넘어 3차원 360도 콘텐츠 등 실감형 기술이 적용되어 진정한 의미에서 가상과 실제가 구분되지 않는 메타버스는 게임 영역부터 제대로 시작될 것으로 예상됩니다.

그 이유는 첫째, 게임은 가상 세계의 핵심인 '시각화'를 통해 몰입 경험을 제공하는 최고 콘텐츠 매개체이기 때문입니다. 둘째, 게임은 사용자 간 활발한 상호작용에 기반해 작동되고 이미 그 속에서 적극적인 소셜 활동이 나타납니다. 셋째, MMORPG^{Massive Multiplayer Online} ^{Role Playing Game, 대규모 다중 사용자 온라인 롤 플레잉 게임}나 샌드박스^{사용자가 가상 세계를} ^{자유롭게 돌아다니며 구성 요소들을 의지에 따라 자유롭게 바꿀 수 있는 게임 형태로 오픈 월드로 칭하} ^{기도 함}류 게임은 수준 높은 자유도를 제공해 실제 일상을 가상 메타버스 속에서 거의 대부분 구현할 수 있기 때문입니다. 일상에서 할 수 있는 것을 대부분 제약 없이 할 수 있지요. 마지막으로 게임은 현실의 '나'를 대체할 수 있는 '아바타' 캐릭터가 존재하는 등 최적의 조건을 지닌 메타버스라고 평가되기 때문입니다.[68]

이미 다양한 게임에서 메타버스적 속성을 찾을 수 있는데요, 한국의 MMORPG 게임인 〈리니지〉에서도 그 속 화폐인 '아데나'를 기

---

68) 차세대 콘솔과 클라우드 게임을 넘어 가상 세계로 진입(정용제, 2020).

반으로 한 시장 경제가 있으며, 게임사는 통화량을 확률과 각종 이벤트를 통해 조절·관리한다고 합니다. 또 수요와 공급의 법칙에 따라 아이템 가격이 결정되는 가격 결정 구조도 있습니다. 그뿐만 아니라 MZ세대의 대표 게임인 〈마인크래프트〉〈로블록스〉 등의 샌드박스형 게임에서 사용자는 원하는 행동을 자유롭게 할 수 있으며, 심지어 스스로 콘텐츠나 아이템을 개발할 수도 있습니다. 사용자는 게임 플레이 과정을 유튜브, 트위치 등으로 녹화 또는 라이브 방송하며 게임 속 콘텐츠를 재생산하기도 합니다.

최근 들어 에픽게임즈는 자사 게임인 〈포트나이트〉에 '파티 로얄Party Royale'이라는 신규 가상공간을 만들어 〈인셉션〉과 같은 영화 상영, DJ 디플로의 음원 최초 공개, 방탄소년단의 신곡 〈다이너마이트〉안무 버전 뮤직비디오 공개 등의 콘텐츠를 함께 보고 즐기는 공간으로 거듭나고 있습니다.[69]

● 소셜 미디어의 진화: XR, 아바타, 디지털 트윈의 공간으로 ●

게임을 넘어 일상 속 소셜 활동의 장이 된 메타버스도 이미 존재했고 이제 또다시 주목받기 시작했습니다. 2000년대를 기억하는 사람들이라면 뇌리에 가장 크게 남아 있는 대표적 메타버스 서비스는 린

---

69) 같은 글.

든랩이 만든 서비스인 세컨드 라이프Second Life일 텐데요, 사실 많은 사람이 세컨드 라이프를 게임으로 칭하지만 린든랩 스스로는 세컨드 라이프가 절대 게임이 아니라고 강조합니다. 그들은 현실에서는 가질 수 없는, 오히려 현실보다 더 현실적인, 이룰 수 없는 꿈을 실현하는 공간이라고 거듭 강조합니다.

세컨드 라이프에 자체 경제 시스템과 린든달러라고 불리는 통화가 존재하고 이를 통해 세컨드 라이프에서 상거래를 합니다. 또한 린든랩을 통해 환전해서 실제로 현금화도 가능합니다. 또 세컨드 라이프에서 직업을 갖고 경제활동을 할 수도 있습니다. 이 가상 세계에서만 새로운 재화를 창조하는 크리에이터도 많은데요, 가수, 배우, 모델, DJ, 댄서, 프로그램 개발자 등의 직업이 있고, 부동산도 소유할 수 있습니다. 그 속에서 연애도 하고 결혼도 할 수 있습니다.[70]

세컨드 라이프가 PC 기반의 메타버스라면 확장현실 기기를 착용하고 정말 메타버스 속으로 들어가는 서비스도 준비되고 있습니다. 사용자 24억 명 기반의 페이스북이 '페이스북 호라이즌'이라는 서비스를 자회사 오큘러스의 확장현실 기기와 함께 선보였는데요, 페이스북 호라이즌은 그동안 텍스트와 이미지 그리고 2차원 비디오 위주로 제공해온 페이스북의 정적 소셜 미디어 성격을 대체하는 동적 소셜 미디어를 제공한다는 목표로 출시되었습니다.

사용자들은 3차원 360도 확장현실 소셜 미디어 속에서 제약이 없

---

70) 세컨드 라이프-자유도 높은 가상현실 게임(Second Life)(바이브, 2020).

세컨드 라이프[71]

는 무제한의 자유를 만끽할 수 있습니다. 이를 통해 페이스북은 단순히 인간관계를 맺고 유지하는 수준을 넘어 업무, 물품거래, 아이디어 교환, 창조적 예술 활동, 엔터테인먼트까지 일상생활 대부분을 확장현실에서 실현하는 메타버스를 창조하는 업체로 거듭나겠다는 포부를 밝혔습니다.[72]

이미 페이스북은 사람들 간 일상을 공유하는 단순한 소셜 미디어를 넘어선 지 오래되었습니다. 그 예로 첫째, 페이스북은 워크플레

---

71) Second Life BOM - Bakes on Mesh Tutorial(MeelaVanderbuilt, 2020), Highlights from the Second Life Destination Guide—01/24/2020(Linden Strawberry, 2020).
72) 가상현실 기술 발전, 기독교 신앙생활의 우군인가 적군인가?(《기독일보》, 2020).

이스Workplace by Facebook라는 서비스로 기업 내에서 업무가 관리되고 소통되도록 도와줍니다. 둘째, 페이스북에서 직접 상거래가 이루어집니다. 예를 들어 페이스북 마켓플레이스Facebook Marketplace를 통해 개인 간 상거래가 제공됩니다. 만약 자회사인 인스타그램까지 범주에 포함한다면 스토리 쇼핑에서 사진 또는 비디오에 나오는 아이템을 구매할 수 있으며, 인스타그램에서 결제기능도 제공합니다. 셋째, 페이스북 페이Facebook Pay라는 자체 지급 결제 시스템도 보유했습니다. 이러한 페이스북의 다양한 서비스를 메타버스에 적용한다면, 지금과는 다른 실제 현실과 확장현실이 구분되지 않는 메타버스 시대가 도래할 것으로 예상됩니다.

우리도 모르는 사이에 페이스북은 자신만의 메타버스 세상에 한 발 한 발 다가서고 있습니다. 2020년 9월 페이스북은 이용자의 표현방식을 다양화하기 위해 가상의 아바타를 만드는 기능을 선보였는데요, 국내를 포함해 국제적 관심을 받으며 재미라는 요소와 함께 많은 이용자가 페이스북 아바타를 만들었습니다. 페이스북은 아바타를 프로필 사진, 이모티콘으로 활용하도록 제공했는데, 재미있는 것은 페이스북이 제공한 아바타가 페이스북 호라이즌의 아바타와 다르지 않다는 사실입니다. 페이스북은 기존의 페이스북 서비스를 자연스레 페이스북 호라이즌으로 전환하려는 움직임을 사용자들이 인지하지 못하는 사이에 진행하는 것 같습니다.

● 메타버스의 미래 그리고 접근 ●

메타버스는 현재도 진행 중이고 또 미래에도 지속될 것입니다. 물론 다른 용어로 변경될지도 모르지만 그 속성인 아바타^{디지털 미}, XR^{디지털 현실}, 디지털 트윈은 지속적으로 진행될 것입니다. 이미 산업용 시장에서는 모의 실험 또는 자동화하는 디지털 트윈이 적용·확대되고 있고요. 소셜 미디어에서는 Z세대를 중심으로 현실의 육체적 제약을 벗어난 아바타 활용이 증가하고 있습니다. 그리고 5G 확대와 함께 XR이 향후 더 실감나는 디지털 현실을 구현하며 스마트폰을 대체할 것으로 기대되고 있습니다. 이러한 환경 변화를 어떻게 활용해야 할까요?

첫째, 지금의 스마트폰을 대체할 것으로 예상되는 XR을 기반한 새로운 실감형 기술과, 이를 반영한 새로운 기기와 서비스에서 새로운 기회를 찾아야 할 것입니다. 가상과 현실의 구분을 없애기 위해 어떻게 기술을 개발하고 구현할 것인가에 대한 고려가 필요할 것입니다. 이를 위해서는 확장현실 생태계 전반 또는 확장현실과 연계된 사물 인터넷 생태계 전반에 대한 이해와 연구 개발이 필요합니다. 이것은 동시에 새로운 기회 영역이 될 것입니다.

둘째, 확장현실이 적용된 메타버스가 사람들 속으로 진입하려면, 새로운 사용 경험이 만들어져야 합니다. XR 속 360도 3차원 콘텐츠 환경 속 가상 세상일지라도 마치 실제 현실 속에서 생활하는 것과 같은 사용성이 필요합니다. 예를 들어 PC 모니터 화면을 보며 키보드와 마우스 클릭으로 쇼핑을 하는 것이 아니라 실제 쇼핑몰에서 돌아다니며 점원들에게 궁금한 것은 물어가며 쇼핑을 하는 경험을 구현해야 합니다. 이는 온라인 쇼핑몰에서 오프라인 쇼핑 공간을 만들어 테스트하는 이유와 같다고 볼 수 있습니다. 또한 산업 영역에서 디지털 트윈을 도입하더라도 실제 일하는 방식과 너무 차이가 나면 사람들이 익숙하지 않아 실수를 많이 하고 반발도 있는 것과 마찬가지입니다.

셋째, 변화하는 메타버스 환경에 따라 새로운 경로와 방식으로 고객과 소통해야 합니다. 제페토와 같은 소셜 미디어, 〈로블록스〉 등과 같은 게임 속 MZ세대에 접근하기 위해 기업들이 채널을 열고 소통하기도 합니다. 이를 위해서는 지속적으로 새롭게 주목받는 메타버스 공간을 탐색하고 소통 방식을 익히는 노력을 계속해야 합니다.

마지막으로 새로운 실감형 기술을 일하는 방식에 적용해 지속적으로 생산성 향상을 도모해야 합니다. 확장현실은 실시간으로 시각과 청각 가이드를 해주어 초보자도 전문가처럼 일하도록 도와주고, 디지털 트윈은 미리 시뮬레이션해 불필요한 테스트와 시제품 제작을 없애 시간과 비용 절감에 기여하는데요, 이처럼 일하는 방식 측면에서 메타버스는 생산성 향상에 기여할 수 있지만, 도입과 적응이 어렵다면 오히려 거부감을 일으킬 수 있어 안착하기 위한 변화와 관리가 필요할 수 있습니다.

12장

복잡한 대도시의 해체와 원격사회 전환

스마트폰과 함께 주목받았던 공유 사회에 대한 관심도 예전 같지 않습니다. 스마트폰 덕분에 더 많은 수요자와 공급자가 쉽게 모여 유휴 자산을 함께 활용할 수 있어서 각광받았는데요, 하지만 코로나19로 안전에 대한 우려가 커지면서 남들과 나눠 사용한다는 것에 대한 거부감이 들기 시작했습니다. 또 유휴 자산을 함께 활용한다는 관점에서 자연 친화적으로 시작한 공유 사회가 과시적 소비와 맞물려 불필요한 투자를 가중한다는 측면에서 본질을 벗어난다는 평가를 받기도 했습니다.

앞으로 공유를 넘어선 새로운 세상 속 사회는 어떤 모습으로 변화해갈까요?

● 이미 시작된 원격사회 그리고 저밀집 경제 ●

모든 기술이 이미 디지털이라는 원격 공간에서 일상과 업무를 처리하는 방향으로 발전하고 있습니다. 이 기술은 이제 장소에 상관없이 마치 한자리에 함께 있는 것과 같은 현장감을 제공하는 방향으로 발전하고 있는데요, 이미 직접 마주하지 않아도 소통이 되고 생활이 되는 원격사회로 변화하고 있습니다. 이러한 기술적 방향과 별개로 사람들은 이미 코로나19로 원격사회를 강제로 경험했습니다. 물론 준비되지 않아 불편했지만 잘 적응했습니다. 향후 기술이 사람들의 불편함을 해결해주면서 원격 환경 일상이 더 보편화될 것으로 예상됩니다.

디지털화는 원격사회의 출발점

원격사회Remote Society는 일반적으로 디지털 사회를 기반으로 정의합

접촉사회 대 원격사회

	고접촉사회 (High Touch Society)	원격사회 (Remote/Low Touch Society)
기본 속성	아날로그, 실물 및 대면 중심	가상 디지털 중심
제약	시간과 공간의 제약이 큼	시간과 공간의 제약이 적음
환경 영향	• 건설 및 운영 과정에서 자원 소비와 에너지 소모가 큼 • 재건축 과정에서는 기존의 건물, 도로 등을 파괴하고 다시 지어야 하는 등 파괴적임	• 가상환경 속이므로 건설, 운영 및 재건축을 하더라도 사람의 창의성과 데이터 센터 그리고 전기에너지만 소모하므로 환경 친화적임
위생·안전	대면과 그 과정에서 대면 접촉이 많아 낮음	디지털 환경 속 비대면 접촉이라 높음

니다. 우선 디지털 사회는 디지털 기술 발전과 더불어 만들어지는 디지털 제품과 서비스가 사람들의 생활 속 비중이 커지는 사회를 의미하는데요, 디지털 제품과 서비스가 더 확대되고 디지털 기술이 다방면으로 적용되는 디지털화는 시간과 공간의 제약을 없애주므로 원격사회의 기반이 됩니다. 또 원격사회를 사람들 간 실질적 접촉이 줄어들고 서로 거리가 멀어진다는 의미를 담아 저접촉사회Low Touch Society 또는 비대면사회UntactSociety라고 지칭하기로 합니다.

원격사회의 특징

디지털화와 함께 시공간의 제약을 넘어서는 원격사회의 특징은 세 가지로 정리할 수 있습니다.

첫째, 디지털화는 사람들의 일상생활을 바꿉니다. 과거의 디지털은 현실에서 완전히 분리되거나 현실을 보완하는 측면이 강했습니다. 하지만 현실 세상에 직접 영향을 미치기도 하는데요, 예를 들어 음식은 식당에 가서 먹는 것이 기본이었지만, 원격 경제 속에서는 배달시켜 먹는 것이 기본이 될 수 있습니다. 배달 음식을 바로 요리해서 먹는 것과 가장 비슷하게 구현하기 위해 포장재를 개선하거나 밀키트[73]를 제공하는 식당 또는 온라인 쇼핑몰도 늘고 있습니다.

둘째, 디지털화는 사람들의 일상생활을 데이터화·가상화합니다. 우편 서류가 그 예가 될 수 있습니다. 우편 서류는 종이로 출력하거

---

73) 요리에 필요한 손질된 식재료와 딱 맞는 양의 양념, 조리법을 세트로 구성해 제공하는 제품.

나 작성해 우체국, 우편집배원을 통해 전달되었는데요, 하지만 지금은 별도 출력 없이 디지털 파일로 저장되어 이메일 등으로 바로 전달됩니다. 앞으로 사물 인터넷이 활성화되면 일상생활 속 모든 활동이 데이터로 수집·저장될 것인데요, 인공지능과 함께 디지털 트윈을 통해 불필요한 비용, 시간, 자원을 낭비하는 실제 구현 없이도 그 결과를 알게 될 것입니다.

셋째, 원격사회는 집적 효과를 줄입니다. 현실 세상 속 공간과 상관없이 디지털도 하나의 공간으로 인정받는데요, 아직은 어색할 수도 있지만 코로나19로 디지털 공간에서 다양한 사람을 만나고 소통하고 일을 처리하는 경험을 하고 있습니다. 앞으로 확장현실의 발전은 현실과 디지털 공간의 차이를 없앨 것이기에 사람들은 이동을 고려해 굳이 가까이 모여 살아갈 필요가 없어질 것입니다.

● 거주 혁신, 복잡한 대도시 탈출 ●

기술은 점점 더 사람들이 빼곡히 모여 살지 않아도 생활이나 소통이 불편하지 않도록 발전하고 있습니다. 하지만 현실 속 우리는 여전히 빽빽하게 모여 사는 대도시를 선호합니다. 그 과정에서 돈을 벌어도 거주 비용으로 많이 들어가 '벼락 거지'라는 말도 생겼지요. 자고 일어나 보니 부동산 가격 상승 때문에 이사하거나 거주할 곳이 사라졌다는 말인데요, 앞으로 세상 변화를 이해한다면 꼭 이렇게까지 대도시에 살아야 할까, 다르게 살아도 괜찮지 않을까 하는 생각도 듭니다.

저밀집 거주 환경으로 생활 변화 진행 중

사람들은 아날로그식 대면 만남에 익숙하고 이를 더 선호한다고 이야기하지만, 사실 1800년대부터 전화를 매개로 한 원격 소통은 사람들에게 익숙한 방식입니다. 또 사람들 간 소통을 넘어 생활에 필요한 물품도 판매자와 구매자가 대면하지 않고도 원격으로 판매되고 있지요. 또한 디지털 상점에서 물품을 구매하면 배송업체에서 배달해 줍니다. 물류 및 배송은 아직은 사람의 노동력에 의존하고 있습니다. 그래서 우리는 다른 사람들과 어쩔 수 없이 모여서 살아왔습니다.

물류배송 관점에서 사람들이 가까이 모여 사는 이유는 편의점과 같은 생활 편의시설과 배송을 위한 기본 물동량을 일정 규모 이상으로 해야 시장수요를 만들어낼 수 있기 때문입니다. 하지만 배송을 로봇, 드론, 자율주행차 등이 대신한다면 사람들이 굳이 빽빽하게 모여 살 필요는 점점 줄어들 것입니다.

저밀집 거주 환경으로 기술 발전

앞으로 확장현실, 사물 인터넷과 인공지능의 발전은 사람들이 복잡하게 모여 살 필요를 더 감소시킬 것입니다.

첫째, 확장현실의 발전으로 디지털 세상 속에서도 실제와 같은 소통이 가능해져 대면 소통을 하려고 직접 이동할 필요가 없어집니다. 이동 필요성이 줄면 직접 만나려고 이동하는 시간을 줄이기 위해 다른 사람들과 가까이 살 이유도 사라집니다. 또 만나서 이야기할 장소인 카페, 식당 등과 같은 공간에 대한 사회적 필요도 당연히 줄 테고요. 따라서 대면 모임, 만남을 위한 직접 이동이나 대면 만남을 위한 공간의 필요성이 줄어들 것입니다. 이처럼 가까이 살아서 커지는 효익 또는 이유가 점점 줄어 세상은 결국 멀리 떨어져 사는 원격사회로 변할 것입니다.

둘째, 사물 인터넷과 인공지능이 접목된 무인 배송이 새로운 변화를 가져올 것입니다. 드론, 자율주행차 등이 보편화되면 사람이 직접 배달하기 어려웠던 곳까지 배송이 가능해집니다. 지금까지의 제한적 요인으로 먼저 기사가 트럭, 오토바이 등으로 직접 배달하다 보니 운송 수단과 도로 상태 등에 따라 배송 여부가 결정되었기 때문입니다. 그리고 근로 시간과 기사의 체력적 한계가 배송 가능 여부에 영향을 미칩니다. 하지만 배송이 무인화된다면 더 다양한 방식으로 시간 제약 없이 배달이 가능할 것입니다. 또 무인 배송 또는 무인 자율주행은 직접 이동해야 하는 상황이 생겨도 직접 운전하지 않아 그 시간을 업무, 엔터테인먼트 등 다양하게 활용할 수 있습니다. 이처럼 무인 배송과 자율주행이 가능해지면 굳이 사람들과 모여 살아야 할 이유가 줄어듭니다.

기술 발전과 함께 앞으로 사람들의 일상은 지금과 달리 '물리적으

오프라인 삶 VS 온라인 가상공간의 삶

현실 세계   VS   가상 세계

사회적 거리   사회적 친밀감
(육체적 거리)   (가상 거리)

로 멀리 떨어져 살고 생활'해도 '심적으로 안정감을 느끼는 생활'이 가능해질 것입니다. 너무 가까이 있으면 불필요한 관여와 개입이 있을 수 있어 오히려 저밀집 거주가 안정감과 만족감을 더 줄 수 있지요. 이처럼 원격사회로 변화하면서 사람들은 새 일상, 새 거주 방식, 새로운 일하는 방식 속에서 살아갈 것입니다.

거주 혁신, 대도시를 벗어난 저밀집 주거 환경

원격사회를 향한 기술 발전 외에 최근 들어 도시화의 불이익으로 사람들 스스로 도시에서 벗어나 저밀집 공간인 전원 또는 외곽으로 거주지를 이동하는 모습도 보입니다. 원격사회에서는 오프라인 현실 공간에서 사람들과 모여 살아야 할 필요성이 없어져 사람들의 거주 형태에 변화를 가져올 텐데요, 지금까지 사람들은 사회적 동물이라는 특징과 심리적 안정감 그리고 도시 생활의 다양한 생활 편의시설과 인프라 접근성 등이 좋다는 이유로 도시에서 생활하고 있습니다.

도시화의 원인으로 크게 세 가지를 많이 이야기합니다. 첫째, 집적의 경제적 효과 때문이라고 합니다. 집적이익^{집적의 경제적 효과}은 인구나 산업이 집중되어 사람들이 서로 혜택을 주고받는 작용인데요, 예를 들어 대량소비로 생산물의 단위 비용을 낮추는 규모의 경제, 정보 접근 비용 감소, 노동 인력 접근성과 채용 가능성 향상 그리고 연관 산업이 함께 집적해 발생하는 시너지 등이 있습니다. 둘째, 산업화로 도시에 일자리가 늘어나 더 많은 소득을 원하는 사람들이 도시로 이동하기 때문이라고 합니다. 셋째, 도시의 교통이나 생활 편의시설 인프라가 풍부하고 쉽게 접근할 수 있어 도시를 동경하는 사람들이 더 많아지고 또 이들이 도시로 몰려들기 때문입니다.

하지만 도시화가 가중되면서 주택가격 상승, 혼잡, 환경오염 등 집적의 불이익도 늘고 있습니다. 만약 집적의 불이익, 코로나19로 인한 위생과 안전 문제가 더 심각하게 인식된다면 복잡한 도시를 벗어나려는 탈도시화가 가속화할 수 있습니다.

그 변화된 모습은 첫째, 확장현실이 충분히 제 성능을 발휘할 수 있다면, 도시만이 제공할 수 있었던 문화 예술 공연 및 전시회에 대한 동경과 갈등을 해소시켜줄 것입니다. 확장현실이 지금까지 도시에서만 경험할 수 있는 문화 예술 활동, 교육·법무 서비스 등을 도시가 아닌 지역에서도 현장감 있게 이용하도록 해줄 것입니다.

둘째, 배송과 이동기술의 발전은 향후 집적 경제Economies of Density의 이점을 점차 감소시킬 것입니다. 지금은 인구 밀집을 넘어 과밀집 상태일 만큼 지리적으로 가까이 모여 있는데요, 집적했기 때문에 발생하는 공급자의 단위 비용 감소가 지대, 물류, 임대비용 증가를 넘어서지 못하는 경우도 이미 발생하고 있습니다.

그러므로 지금까지 주목받아온 도시화, 스마트 시티로의 진화보다는 오히려 그 반대인 스마트 어반 또는 스마트 전원이 사람들의 거주 형태로 더 주목받을 수 있습니다. 시티city와 어반urban은 도시라는 같은 뜻으로 해석할 수 있지만 서로 구분하는 이유는 시티는 지리적 관점이고 어반은 삶의 방식이기 때문이기도 한데요, 스마트 어반은 물리적 공간보다는 외곽 또는 시골에 거주해도 충분히 도시형 일상을 즐길 수 있다는 의미로 해석할 수 있습니다.

어쩌면 미래에는 물리적으로 도심 외곽 또는 농어촌에 거주하는 스마트 전원이 사실상 원격사회에서 가장 적합한 거주 형태가 될 수 있습니다. 스마트 전원은 원격적으로도 충분히 소통하며 불필요한 이동과 만남을 최소화할 수 있기 때문입니다.

● 인간은 디지털 세상 속 사회적 동물 ●

지금까지 사람들이 모여 살아온 이유는 사람이 홀로 살 수 없고, 사회를 형성해 끊임없이 다른 사람들과 관계를 유지하고 어울림으로써 자신의 존재를 확인하는 '사회적 동물'이기 때문이라고 알려져 있습니다. 하지만 기술이 발전하고 있고, 코로나19로 원격 상황에서도 소통을 잘해왔는데, 앞으로도 계속 직접 만나 이야기해야 하는지 의문이 드는 것은 당연합니다. 어쩌면 사회적 관습으로 자리잡아서 직접 만나는 것을 자연스럽고 편하게 느끼도록 교육받아왔는지도 모르겠습니다.

사실 오랫동안 자리 잡아온 관습은 웬만한 큰 충격 없이는 사람들 삶에 스며들기 어렵습니다. 스카이프Skype 같은 화상회의 서비스가 벌써부터 있었지만, 사람들은 직접 만나려고 차나 비행기를 타고 이동했습니다. 또 온라인 동시 협업이 가능한 구글이나 MS오피스 프로그램을 예전부터 사용했지만 자료를 출력해 우편으로 보내는 등 결과물을 직접 눈으로 보고 손으로 느끼는 아날로그적 방식을 더 선호했습니다.

비록 기술과 상품이 있어도 일상에 이런 변화가 스며들려면 사람들의 심리적 · 문화적 장벽을 낮추거나 없애는 것이 더 중요합니다. 그 장벽은 습관을 스스로 버리고 변해야 할 만큼 무언가 더 큰 효익에 대한 불편함과 불확실성일 텐데요, 그 장벽을 없애려면 확실히 큰 효익을 주거나 강제로 적용해야 합니다. 여기에 코로나19가 사람들을 강제로 변화시키는 큰 역할을 하고 있습니다. 코로나19 창궐로 사람들은 사회적 거리두기Social Distance or Physical Distance 정책을 따르면서 그 속에서 어쩔 수 없이 원격 환경에 적응해야 했습니다.

무언가에 적응하려면 가장 먼저 불안감을 없애야 하는데요, 사람들은 사회적 동물이기에 다른 사람과 떨어져 있을 때 그리고 대면 접촉이 줄어들거나 없어질 때 불안해합니다. 이를 잘 표현한 말로 "눈에 보이지 않으면 곧 잊힌다Out of Sight, Out of Mind"가 있습니다. 사람들을 직접 만나는 대면 환경에서는 직접 보는 '눈'이 강조되지만, 결국 소통하지 않으면 잊힌다는 의미가 본질입니다.

직접 만나서 본다는 '대면'이라는 수단이 아니라 본질인 '소통'에 집중한다면 비대면 환경에서 직접 보지 않아 잊힐 수 있다는 불안감 따위는 없애버릴 수 있습니다. 또 강제로 만나지 못하는 상황에서 사람들은 물리적 거리감이 주는 안정감과 스스로 공간과 시간을 지키고 싶어 하는 감정을 알게 된 것 같습니다. 그래서 사람들은 원격 속 가상 환경에서 더 친밀해지면서도 오히려 실제 물리적으로 간격을 유지할 때 더 안정감을 느끼도록 변화하고 있고 또 변화될 텐데요, 이처럼 사람들은 이미 '디지털 속 사회적 동물'로 자리 잡아가고 있습니다.

새로운 재미, 디지털 회식과 파티

일시적일 수도 있겠지만, 사람들은 코로나19로 인한 원격 환경에서 또 다른 재미를 찾았습니다. 디지털 회식과 파티가 그것인데요, 먼저 회식 자리라면 으레 부서의 높은 사람 취향에 맞추어 장소와 음식을 결정하는 것을 당연하게 생각하는데, 디지털 회식 자리는 각자 원하는 장소에서 각자 취향이 담긴 음식을 먹으며 즐길 수 있습니다. 또 불필요하게 과음해야 하는 상황도 자연스레 피할 수 있습니다. 다른 하나가 디지털 파티인데, 과거에는 보고 싶지만 멀리 떨어져 있는 지인은 원래 참석하기 어렵다고 생각했습니다. 하지만 디지털 파티가 되면 장소에 상관없이 모일 수 있고 누구나 쉽게 만나 소통할 수 있기 때문에 다른 격식보다 만남 그 자체에 집중할 수 있습니다.

원격 업무의 일상화

코로나19 이전에 원격 업무는 특정 직업과 업무 또는 특정 개인과 이를 관리하는 관리자가 있는 조직에만 해당하는 일하기 방식으로 규정되었습니다. 이를 위해 요구 조건이 있었는데요, 원격 근무는 첫째, 근무자 관점에서 다른 사람 관리 없이도 자발적으로 동기부여가 가능하며 혼자 일할 능력과 의지가 강한 개인에게 적용되는 방식이었습니다. 둘째, 원격 근무가 되려면 돌보아야 할 가족이 없거나 독립적으로 업무가 가능한 공간이 따로 있어야 했습니다. 셋째, 물리적으로 직접 사용하는 기구와 장비가 최소화되고 성과가 객관적으로 평가되는 업무만 원격 근무가 허용된다고 했습니다. 넷째, 권한이 고위층으로 집중되지 않고 결과나 성과 중심으로 관리 · 운영되는 조직에만 적합한 방식이었습니다. 마지막으로 업무 윤리가 높은 근로자와 원격 근로자를 신뢰하고 권한을 위임하는 관리자가 있어야 원격 업무가 가능하다고 생각했습니다.

하지만 코로나19 이후 강제로 이를 경험하면서 생각보다 더 다양하게 원격 업무를 적용할 수 있다는 사실을 알게 되었습니다. 자발적인 동기부여가 잘 안 되고 혼자 일할 능력을 갖추지 못한 이들도 다양한 업무 관리 도구를 활용하면 문제없이 일할 수 있습니다. 또 근무자와 관리자가 서로 신뢰할 수 있는 모니터링 도구와 성과 평가 기준이 발 빠르게 만들어져 적용되고 있습니다. 집에서 돌보아야 할 가족을 지원하는 지원 시스템과 집 가까이 독립된 작업장을 구축하거나 설치하는 기업도 많아졌는데요, 그 예로 SKT는 집 앞 10~20분 거리로 출퇴근이 가능한 거점 오피스를 확대할 계획이라고 밝히고 실제로 투자하고 있습니다.

물리적으로 직접 다루어야 하는 기구와 장비, 기계가 많은 현장에서도 원격으로 모니터링하며 제어 · 관리하는 시스템이 만들어지고 있습니다. 그 배경으로 첫째, 모니터링하거나 제어하는 하드웨어 역할이 소프트웨어적으로 가능해져 현장에서 직접 손으로 기구와 장비를 다루어야 할 필요성이 줄었습니다. 둘째, 사람의 손과 머리가 신호를 주고받는 시간만큼 초저지연성과 사람이 인지하는 것보다 더 정확하게 다양한 현장의 데이터를 얻을 수 있는 사물 인터넷 환경으로 원격 수술 또는 정밀 제조 공정도 자동화될 날이 다가오고 있습니다.

● 원격사회 속 대응 방안 ●

원격사회가 되면 도시 중심에서 조금 더 여유로운 전원이나 외곽으로 거주 방식과 생활공간의 변화가 나타날 것입니다. 이는 기술 환경 변화가 물리적으로는 멀리 떨어져 있어도 감각적으로는 가까이 느끼게 만들어줄 것인데요, 가상으로도 사람들은 충분히 소통할 수 있으므로 불필요한 이동은 줄이고 거주 공간에 더 오랜 시간 머물러 있을 것입니다. 이처럼 사람들이 이동하지 않아도 불편함이 없도록 무인 배송과 관련한 기술과 산업이 많은 시행착오와 함께 발전해나갈 것입니다.

우리는 어떻게 이러한 환경 변화에 대응할 수 있을까요?

첫째, 사람들의 거주와 생활 공간이 복잡한 도시에서 여유로운 전원과 외곽으로 바뀌면서 이를 뒷받침할 통신, 운송과 배송 등 다양한 생활 인프라 격차를 줄이는 기술과 사업 기회들이 생길 것입니다. 도시에서 가능했던 교육·문화생활 등은 메타버스에서 만끽하고, 카페나 레스토랑에서 즐겼던 식사 등은 밀키트나 빠른 배송으로 그 맛 그대로 전원 또는 외곽에서 누릴 수 있지요. 이처럼 전원과 외곽의 거주와 생활의 증가가 가져올 변화를 미리 알고 준비해야 합니다.

둘째, 원격 근무가 보편화하고 불필요한 이동이 줄어드는 등 집에 머무는 시간이 더 늘어나 집이라는 공간이 새롭게 해석되고 거듭날 것입니다. 집에 머무는 시간이 길어질수록 집의 개성에 관심이 더 많아질 것입니다. 또 집에서 할 수 있는 활동도 더 늘어날 텐데요, 이는 코로나19 상황에서 집에 머무는 시간이 길어지면서 나타난 집에 대한 관심이 증가한 것과 비슷합니다. 2021년 초 진행된 국제전자제품박람회^{CES} 2021에서 발표된 다양한 가전 기업의 모습에서 그 대응 방안의 실마리를 찾을 수 있는데요, 코로나19 이전의 집은 가족이 식사하고 잠자는 공간에 불과했습니다. 소셜 활동, 엔터테인먼트 활동, 운동 등 다양한 활동은 주로 집 밖에서 했습니다. 하지만 코로나19 이후 집은 식사, 소셜 활동, 엔터테인먼트 활동, 운동, 수면 등 모든 활동을 할 수 있는 새로운 공간으로 거듭나고 있습니다.

이러한 집의 새로운 변신을 코로나19 이후 처음 열린 CES 2021에서 잘 보여주었는데요, 이는 네 가지로 정리할 수 있습니다. 첫째, 집은 개성이 반영된 공간으로 변합니다. 집에 거주 또는 체류하는 시간이 늘면서 자기 생활 행태와 선호가 반영된 공간을 바라게 됩니다. 둘째, 집은 외부로부터 위생과 안전이 보장된 공간으로 거듭나고 있습니다. 물론 위생과 안전은 코로나19로 중요성이 더욱 높아졌지만 향후 원격 의료 등이 보편화된다면 집은 건강을 지키는 공간이 될 것입니다. 셋째, 집에서 더 많은 엔터테인먼트를 즐기게 됩니다. 감각은 가상 세계에 있더라도 물리적 신체는 다른 장소보다 집에 있을 확률이 높습니다. 굳이 다른 곳에 가서 새로운 세상을 만나 즐길 필요는 없을 테니 말입니다. 넷째, 집은 로봇과 함께하는 공간이 될 것입니다. 이미 로봇청소기가 있지만 더 많은 가전 기기가 스스로 작동하며 가사 노동을 줄여줄 것입니다.

마지막으로 원격사회가 제대로 안착하려면 필요한 물건이 빠르게 배송되는 물류가 중요합니다. 원격사회에서 주문은 주로 쇼핑몰에서 할 텐데요, 도시는 근방에 물류센터가 많고 배송센터도 곳곳에 있어 빠르게 배달됩니다. 하지만 전원과 외곽에는 거주하는 사람들이 많지 않아 도시보다 배송·물류 인프라가 떨어질 수밖에 없는데요, 향후 사람들이 도시에서 전원 또는 외곽으로 이동하게 되면 도시 내 배송센터를 다른 지역으로 분산·재배치해야 할 것입니다. 또 재배치된 배송센터와 소비자 거주지까지 라스트마일 배송을 위한 로봇과 드론 기술 발전도 꾸준히 지켜보고 실증·발전시켜야 합니다.

13장

보이지 않는 데이터가
보이는 세상을 지배하다

확장현실 속에서 초고화질, 초고해상도의 실감 미디어 콘텐츠 데이터가 폭발적으로 증가하는 동시에 사물 인터넷의 확산으로 일상 데이터도 크게 늘어날 것입니다. 그리고 데이터가 디지털화되어 저장 및 공유되고, 인공지능 또는 로봇과 연결되면서 사람들의 생활과 일하는 방식을 변화시켜가고 있습니다.

● 데이터는 정보를 넘어 노동과 자원적 가치를 가질 것 ●

데이터data는 현실 세계에서 측정하고 수집한 사실이나 값으로, 가공 처리해 의미를 부여한 정보information의 재료입니다. 과거에는 파편화된 데이터들이 다양한 의미의 정보로 재가공되어 제품과 사업 또는 거래의 성과를 결정짓는 중요한 역할을 했습니다. 즉, 데이터는 제품과 사업 기획에 고객을 만족시키고 경쟁사를 이기기 위한 의사결정, 거래에서 더 유리한 조건으로 가격과 양을 결정짓는 의사결정을 가능하게 하는 정보적 가치가 강했습니다. 하지만 데이터가 인공지능과 로봇과 결합되고, 또 다른 정보들과 연결되면서 기존에 없었던 새로운 가치를 추가하고 있습니다.

데이터의 노동적 가치, 자동화·자율화

18세기 영국을 중심으로 촉발된 1차 산업혁명 이후 사람들은 단순 반복적 일들을 기계로 처리하고 있습니다. 예를 들어, 밥 짓기는 전기밥솥, 빨래는 세탁기와 건조기, 설거지는 식기 세척기, 청소는 전기 청소기 등 다양한 가전 기기가 가사 노동을 대신합니다. 그리고 공장에서는 기계 장치들이 사람 대신 제품을 조립·용접하고 운반하는 등 다양한 역할을 해내왔습니다. 그리고 디지털화를 통해 생성된 데이터는 인공지능과 결합해 사람들의 정신적 노동을 점점 더 대신할 것입니다. 또 데이터가 사물 인터넷 또는 로봇과 결합해 사람들의 육체적 노동을 넘어 다양한 노동 활동을 대체해나갈 것입니다. 그리고 궁극에는 인공지능이 뇌의 역할을 하고 로봇 등 사물 인터넷이 손과 발의 역할을 하게 된다면 사람처럼 자율적으로 판단하고 행동하는 수준 또는 그 이상으로 발전할 것입니다. 하지만 아직은 데이터화, 디지털화가 조금 더 진전되어야 하는 상황입니다.

첫째, 정보들이 완전히 디지털화하지 않아서 직접 데이터를 입력하는 활동이 필요한 경우입니다. 둘째, 그다음 노동과 작업이 연결되지 않고 고립되어 자동으로 모니터링되거나 제어되지 못하는 경우가 있습니다. 마지막으로 그 작업이 언제, 무엇을, 어떻게, 어디서 진행할지 모르는 등 작업 프로세스 정의 자체가 안 되어 그때그때 상황에 맞게 유연하게 대응해야 하는 수동 작업이 사람들 노동으로 남는 경우가 있습니다.

향후 사물 인터넷이 보편화되어서 다양한 기기가 능동적으로 데이터를 생성·전송·분석한다면 수동 작업과 노동이 더는 남아 있을 필요가 없습니다. 그 이유는 첫째, 인터넷에 연결된 다양한 사물이 처음부터 디지털로 데이터를 생성·기록하므로 사람들이 다시 작성하거나 입력해 전달할 필요가 없습니다. 그뿐만 아니라 사람들이 기록하고 전달할 때 생기는 입력 오류와 전달 지연이 발생하지 않아 더 정확하고 빠르게 처리될 수 있습니다.

둘째, 전체 프로세스 관점에서 작업을 수행하는 기계, 모니터링과 제어 정보를 담은 디지털 데이터가 연결되어 자동화가 가능합니다. 물론 그 과정에서 중간 가공물을 전달하는 로봇이 필요할 수도 있고, 로봇이 없다면 전후 기계를 연결해 스스로 이동하도록 하는 방안도 있습니다. 공정 안에서 전후 기계가 연결된다면 다음 기계는 언제 어느 정도 양을 처리해야 할지 알기에 예열 등 사전 준비를 할 수 있지요. 이로써 수동으로 할 때보다 시간 또는 에너지를 더 줄일 수 있습니다.

셋째, 다양한 사물이 생성한 데이터를 바탕으로 전후 상황을 판단해 자동화할 수 있습니다. 예를 들어 겨울에 추운 밖에서 집으로 돌아올 때 보일러가 자동으로 작동해 집이 따뜻해지고 새로 만든 된장

찌개와 쌀밥을 거주자가 도착할 시간을 위치와 경로 등으로 계산 · 예측해서 준비할 수 있습니다.

화이트칼라 업무 자동화: RPA과 RPAI

데이터를 생성단계부터 디지털화하거나 별도의 데이터 입력 작업 등으로 디지털화하는 식으로 공장에서 로봇이 자동화된 것처럼 사무실에서도 조금씩 자동화가 확대 적용되고 있습니다. 즉 사람이 수행하는 규칙적이고 반복적인 업무를 RPA라는 소프트웨어를 활용해 자동화해서 처리합니다. 여기서 RPA는 로봇 프로세스 자동화Robot Process Automation의 약자로 R은 로봇이 하는 것처럼, P는 업무 프로세스를, A는 자동화해 업무를 진행한다는 의미입니다.[74] RPA는 자동화

RPA 개요

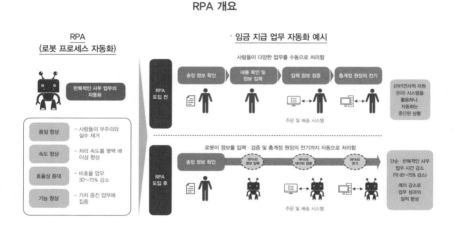

74) KPMG RPA powered by AI(KPMG Digital, 2020).

프로세스에 맞게 개발된 '설계로봇', 프로세스 배포 · 명령과 모니터링을 하는 '관리로봇', 프로세스를 실행해 업무를 처리하는 '실행로봇'으로 나뉩니다.

RPA의 장점은 사람이 수작업으로 했던 내용의 확인과 정보 입력, 입력 정보 검증과 재입력 등 단순 반복적인 업무를 대체해서 사람의 컨디션 등에 따라 발생할 수 있는 에러와 처리 속도 감소 등을 없애 항상 같은 상태로 진행하므로 품질 향상, 속도 향상, 효율성 증대 등을 도모할 수 있다는 것입니다.

먼저 단순 반복적 업무처리부터 시작한 RPA가 인공지능[AI]이 접목되면서 RPAI로 진화해갈 것입니다. RPAI의 RPA 다음인 2단계는 이미 정의된 업무 프로세스를 바탕으로 업무 패턴을 인식하고, 비정형 데이터를 학습하고, 자연어를 인식해 추가적인 상황인지를 하는 등 고도화하는 단계입니다. 마지막 3단계는 자체 최적화와 자체 학

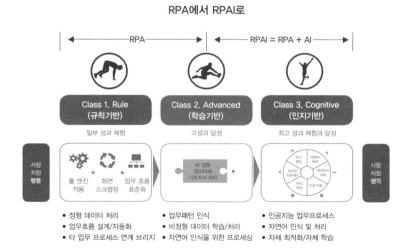

RPA에서 RPAI로

습으로 상황에 맞게 스스로 판단해 자동화하는 것입니다. 사실상 정형화되고 반복적인 자동화 가능 업무를 모두 자동화하는 것을 목표로 합니다.

데이터의 자원적 가치, 부가가치 증대

사람들이 판단하는 데 기준이 되는 데이터는 다양한 실물 시장 가격 결정에 영향을 미칠 수 있어 그 자체로 가치가 있습니다. 이런 관점에서 미국 MIT에서 발행한 자료에서는 데이터를 재화와 서비스를 생산하는 데 필요한 저장 정보로 보았으며, 기존의 물리적 자산처럼 장기적인 경제적 가치를 보유한 데이터를 일컬어 데이터 자본이라고 명명하기도 했습니다.

그리고 데이터는 부가가치를 향상하는 새로운 역할이 더욱 강조되고 있습니다. 첫째, 데이터는 사업 또는 제품 서비스의 개발·제조 과정에서 상품의 가치를 높이거나 비용을 줄여주는 재료가 됩니다. 둘째, 데이터는 스스로 가치를 더하는 새로운 가치 사슬을 만들어낼 것이고, 그 결과물로 다양한 영역에 파생되어 영향을 미칠 것입니다. 따라서 데이터가 다양한 산업에 미치는 영향을 네 단계로 구분할 수 있습니다. ① 데이터 수집과 생성 단계는 CCTV와 같은 센서 또는 스마트폰 등 사물 제조사 그리고 데이터를 전달하는 통신 산업의 투자에 영향을 미칩니다. ② 데이터 저장과 관리 단계는 데이터가 모이는 미디어 플랫폼과 데이터 센터, 데이터 스토리지 장비와 분산 처리하는 장비 그리고 이를 구성하는 부품 산업에 영향을 미칩니다. ③ 데이터 가공과 유통 단계는 데이터 거래소, 클라우드, 보안 등과 관련한 기반 산업에 영향을 미칩니다. ④ 분석과 활용 단계는 데이터 분석용 소프트웨어와 하드웨어를 개발 · 제조하거나 번역을 포함한 인공지능 등 새로운 산업으로 구성됩니다.

셋째, 다양한 산업을 디지털화해 생성된 데이터는 해당 산업에 추가 부가가치를 생성해줍니다. 기업들은 데이터를 신규 사업 진출, 프로세스 효율화 · 최적화 등을 위한 전략과 의사결정의 기반 자료로 활용하는데요, 공공 분야에서 데이터를 적시에 제공한다면 불필요한 오해나 투자를 막아서 사회 비용을 절감하는 효과를 볼 수 있습니다. 또 데이터를 기반으로 맞춤형 공공 서비스, 효율적인 행정 업무와 서비스로 예산 또는 시간 절감 효과를 만들어낼 것입니다. 게다가 앞으로 데이터 거래 시장이 생성되면 개인도 자기 데이터로 수익을 창출할 수 있고, 거래가 이루어진다면 공급자로 시장에 참여할 수 있습니다.

● 데이터 경제, 데이터가 가치를 인정받고 거래되다 ●

데이터가 자본이 되어 가치가 매겨지고 거래되는 경제를 데이터 경제라고 일컫습니다. 유럽연합 국가에서는 데이터 경제를 데이터를 다루는 구성원이 만들어내는 생태계이며 데이터의 생성 · 수집 · 저장 · 처리 · 분배 · 전달 등 모든 활동을 포괄하는 개념이라고 정의했습니다.

데이터 유통 시장의 등장

데이터가 가치를 갖고 직간접적으로 산업 생태계와 경제에 영향을
미치면서 시간이 갈수록 더 많은 데이터가 쌓일 텐데요, 다른 데이
터와 결합하고 인공지능이 접목되어 고도화된 데이터는 가치가 더
높아져 중요성이 더욱 커질 것입니다. 하지만 데이터는 필요한 사람
이 모두 생산해 활용하는 자급자족이 가능한 재화가 아닙니다.

　데이터를 자급자족하려면 다양한 데이터를 생성하는 사물과 각
각의 사물이 위치한 장소 등에 대한 소유권이나 사용권을 모두 갖추
어야 합니다. 그러니 데이터의 자급자족은 불가능에 가깝지요. 그러
다 보니 데이터가 필요한 사람은 사야 하고, 데이터 가치를 자기보
다 더 크게 쳐주는 구매자가 있다면 데이터를 판매하는 시장이 등장
할 수밖에 없습니다.

　거래 재화로서 데이터는 복제하기 쉽고 대체할 수 없으며 재생산

데이터 시장[75]

배경	데이터 자본화	시사점
데이터가 모든 산업의 발전과 새로운 가치 창출의 촉매 역할		데이터 거래를 통한 비독점화의 사회 발전 도모

배경
데이터가 모든 산업의 발전과 새로운 가치 창출의 촉매 역할
- 데이터 수집, 생성, 축적 단계에서 데이터를 공유, 유통하고 공동 자본으로 상호 교환, 활용해 경제적 효과를 창출
- 데이터가 혁신적인 지식, 상품, 서비스 창출을 위한 투입 요소로 활용되는 등 신개념의 자본으로 작용

데이터 자본화
복제가 쉽고 / 대체가 불가하고 / 재생산이 쉬움
데이터 소유의 비대칭성으로 시장 독점화의 우려

시사점
데이터 거래를 통한 비독점화의 사회 발전 도모
- 마이데이터 등 데이터 자본화
- 투명화, 사회적 관점 및 시장 공정성 증대를 위한 방안 필요

75) 데이터 경제의 부상과 사회경제적 영향(NIA 한국정보화진흥원, 2018).

이 쉬워서 만약 생산과 소유가 비대칭적이라면 시장은 독점화될 가능성이 있습니다. 그래서 사회 발전을 도모하는 관점에서 거래를 통해 데이터를 독점적으로 소유하거나 사용하지 못하도록 하는 데이터 유통 시장에 대한 요구가 더 커질 텐데요, 이를 위해서는 데이터 시장 내 가치 측정의 명확화, 시장의 공정성 증대와 투명성 요구가 더 거세질 것으로 보입니다.

데이터가 자본으로 가치를 갖고 시장에서 거래되려면 가치를 투명하고 공정하게 측정해야 합니다. 다만 데이터는 실물과 달라 제대로 된 가치를 측정하려면 그 특징을 이해해야 합니다.

첫째, 데이터는 비경쟁성 특징을 갖습니다. 즉 하나의 데이터를 여러 서비스에서 동시다발적으로 사용할 수 있습니다. 이는 실물 자본이 하나의 화폐와 장비는 한곳에서만 사용이 가능한 것과 다르며, 데이터를 재생산하거나 복제하는 데 추가 비용이 거의 들지 않음을 의미합니다. 둘째, 데이터는 비대체적 특징을 갖습니다. 각 데이터는 서로 다른 내용을 포함하므로 대체가 불가능합니다. 이는 실물 자본이 동일 가치의 다른 재화로 대체 가능하다는 점과 다른 것으로, 데이터 재화의 가치가 절대적일 수 있다는 뜻입니다. 셋째, 데이터는 경험적 재화입니다. 데이터 가치는 관련 내용을 파악해서 활용해본 뒤에야 측정할 수 있을 뿐 계량적으로 즉시 측정하기 어렵다는 측면에서 실물 자본과 차이가 있습니다.

이처럼 데이터가 자본으로 거래되는 데이터 시장이 생성된다면 앞서 살펴본 개인, 산업, 기업, 공공 등 데이터 출처에 따라 시장마다 특징이 다르게 나타날 수 있지요. 하지만 데이터 소유권 측면에서 그 원천이 개인일 테고, 또 시장에서 돈을 내는 마지막 주체도 개인이므로 데이터 시장은 개인 데이터 시장으로 시작될 것입니다.

● 블록체인, 데이터 경제의 신뢰 인프라 ●

데이터와 데이터 경제는 눈에 보이지 않고 손에 잡히지 않기 때문에 무엇보다 투명성과 신뢰성이 바탕이 되어야 합니다. 데이터 신뢰 인프라로 블록체인이 주목받고 있는데요.[76] 블록체인은 중앙 서버를 쓰지 않는 대신 데이터를 여러 컴퓨터에 분산해 저장하는 기술입니다. 같은 데이터가 여러 곳에 동시에 기록되므로 컴퓨터 몇 대를 해킹해도 기록을 임의로 바꿀 수 없습니다. 이러한 원리로 블록체인은 이론적으로 위변조가 불가능한 것으로 알려져 있습니다.[77]

또 사용자를 직접 연결하는 P2P[Person To Person] 방식으로 저렴하게 모든 거래와 소유 기록을 유지할 수 있어 이미 금융 분야에 많이 적용되어 있습니다. 가장 많이 알려진 것은 비트코인 등과 같은 가상화폐 거래인데, 은행 같은 중앙기관의 개입 없이 블록체인을 통해 개인끼리 안전하게 거래 가능하기 때문입니다.[78] 또 블록체인이 위변조가 불가능하다는 특징을 바탕으로 여권, 신분증 등 인증시장에서

---

76) 2019년도 예비타당성조사 보고서_데이터 경제를 위한 블록체인 기술개발사업(KISTEP, 2020).
77) 백신여권 · NFT · 인증서… 블록체인 시장 폭발(오로라, 2021).
78) [시사 IT용어] 가상화폐의 주역, 블록체인 기술이란?(삼성전자, 2020).

활용되고 있습니다. 네이버, 카카오, 이동통신 3사가 선보인 모바일 신분증도 블록체인 기반의 서비스를 바탕으로 합니다. 이처럼 블록체인 기술은 직접 거래에 대한 신뢰와 신원에 대한 신뢰를 제공하는 등 다양한 영역에서 거래와 인증 데이터의 신뢰성을 보장해주기 때문에 데이터 경제에 반드시 필요합니다.

디지털 경제와 블록체인이 접목된 디지털 자사 거래도 서서히 등장하고 있습니다. 크리스티 뉴욕 경매에서 사진 파일에 불과한 디지털 그림 '매일: 첫 5000일'이 783억 원에 팔렸는데요, 이런 거래가 가능한 까닭은 NFT[Non Fungible Token, 대체 불가능 토큰][79]라는 블록체인 원본 보증 기술이 무한 복제 가능한 디지털 파일에 '유일성'이라는 신원을 부여했기 때문입니다. 실제로 테슬라 창업자 일론 머스크를 비롯해 다양한 창작자가 영상, 음원 등 온갖 파일에 NFT를 붙여 판매했으며 거래소도 생겨나고 있습니다.[80]

이처럼 블록체인은 데이터 경제의 신뢰성을 보장하는 기술인 동시에 인증으로 신원을 부여할 수 있고 투명하게 거래할 수 있다는 점에서 데이터 경제와 함께 계속 성장해나갈 것입니다. 따라서 블록체인 기술에 관심을 두고 데이터 경제 확산과 함께 어떻게 다른 영역으로 퍼져나가는지 계속 관찰하며 활용해야 합니다.

---

79) NFT는 블록체인 기술로 만들어진 일종의 인증서다. NFT마다 고유의 값이 있어 다른 NFT로 대체 불가하며, 그 정보는 위변조가 불가능하다. 이런 특성 덕에 수없이 복사가 가능한 디지털 자산의 원본을 증명하는 데 활용된다(《조선일보》).
80) 백신여권 · NFT · 인증서… 블록체인 시장 폭발(오로라, 2021).

그리고 블록체인은 디지털 가상 세계 기반의 메타버스에서 거래되는 디지털 자산과 가상화폐의 기반 인프라가 될 것입니다. 블록체인 컨설팅업체인 델피 디지털의 피어스 킥스는 "감독 기능이 없고 수익 흐름도 불확실한 디지털 세상에서 NFT는 소유권을 블록체인으로 증명한다"라고 설명했습니다.[81] 메타버스와 블록체인을 합친 예시로 〈더 샌드박스〉 게임을 들 수 있는데요, 〈더 샌드박스〉는 엔비디아의 젠슨 황이 메타버스 초기 버전이라고 밝힌 〈마인크래프트〉와 블록체인의 결합 버전으로 '블록체인판 〈마인크래프트〉'라 불리며 눈길을 끌었습니다.

이 게임은 〈마인크래프트〉와 같은 샌드박스형 게임을 바탕으로 누구나 NFT복셀Voxel, 3차원 도트 아이템을 만들고 유통하는 구조로 게임을 설계했습니다. 모든 이용자는 각자가 NFT 발행 주체인 동시에 자신이 만들거나 구입한 아이템에 대해 완전한 소유권을 갖습니다. 이는 기존 아이템의 잠재적 소유권이 게임사에 있는 것과는 완전히 다른데요,[82] 이를 거래할 수 있는 마켓플레이스에서는 캐릭터, 장비, 패션, 아트 등 네 가지 NFT자산 거래가 가능합니다.

---

81) [줌인] 트윗 한 줄이 28억 원?… '대체불가' NFT가 대체 뭐길래(박수현, 2021). 세컨드 라이프 – 자유도 높은 가상현실 게임[Second Life](바이브, 2020).
82) [블록먼데이] "NFT서 미래 보았다"… '더 샌드박스'가 꿈꾸는 블록체인 게임(이건한, 2020).

● 데이터 경제 시대를 마주하는 자세 ●

데이터 경제 속 참여자로 살아가려면 다양한 준비와 노력이 필요할 텐데요, 먼저 데이터와 이를 뒷받침하는 기술에 대해 이해해야 합니다. 즉, 데이터와 관련해서는 데이터를 수집·저장·분산·활용하는 기술, 데이터를 통해 가치를 높이려면 인공지능 기술 그리고 보이지 않는 데이터의 신뢰성을 높이려면 블록체인 기술에 대한 이해가 필요합니다.

둘째, 데이터는 눈에 보이지 않으므로 가시화하는 것이 중요합니다. 데이터는 그 실체가 보이지 않으므로 정말 존재하듯 보이게 해야 가치를 보편적으로 인정받을 수 있습니다. 과거 송장, 신용장, 어음 등은 거래 내용이 보이지 않는 데이터이다 보니 종이와 진짜임을 증명하는 도장으로 가시화한 것과 같은 예가 될 수 있습니다. 향후 확장현실 환경에서는 현실 세상에서는 실체가 없지만 새로운 아바타 또는 다른 디지털 형태로 구현할 수 있습니다. 데이터를 디지털 세상 또는 현실 세상에서 가시화해내 데이터가 보편적 가치를 인정받게 하는 것도 중요합니다.

셋째, 데이터는 실체가 없으므로 안전하게 보호해야 합니다. 블록체인 등의 기술로 소유권을 명확하게 할 수는 있지만, 사실 소유자가 확실하게 통제할 수 있어야 합니다. 앞서 살펴보았듯이 자기 데이터를 주도적으로 거래하는 환경이 만들어지고 있지만, 특히 개인정보나 기업의 비밀 등은 유출되었을 때 파급효과가 크기 때문에 그 중요성은 말할 필요도 없습니다.

운명처럼 접하게 된 '변화 너머'의 조각들

끝까지 함께해주신 독자 여러분에게 감사드립니다. 이 책을 쓰기까지 여정을 간략하게 말씀드리고 향후 목표를 공유하는 것으로 부족한 이 책을 마무리하겠습니다.

《변화 너머》는 스마트폰 다음에 일어나게 될 혁신, 즉 세상 변화에 대한 궁금증으로부터 시작된 책입니다. 그래서 그 변화를 가능하게 할 기술과 사람을 먼저 살펴보았는데요, 제가 지금까지 쌓아온 경력과 실행해온 연구가 미리 정해졌던 것처럼 연결고리가 되어 이 책에 반영되었습니다.

그 출발은 2011년 은사이신 송재용 교수님과 함께 집필한 《이노베이션 3.0》이라는 책입니다. 송재용 교수님의 강의에서 배운 '시스테믹 혁신'을 정리한 책이지만, 세상을 바라보는 큰 생각의 틀을 얻었습니다.

혁신은 단일 기업이나 천재적인 개인의 노력과 시도에서 나오는 것이 아니라 그 혁신을 가능하게 할 긴밀한 보완자산과 사회적 인식 변화가 하나의 패키지로 함께 움직인다는 것이었습니다. 그것은 제

각각 움직이는 성난 파도보다 고요하지만 거대하고 묵직하게 밀려드는 밀물의 파괴력이 더 클 수 있는 것과 같은 이치입니다.

대학원을 졸업하고 두 번째 직장인 LG경제연구원에 들어간 2008년에는 놀라운 일이 일어났는데요, 애플이 아이폰을 출시하면서 스마트폰 혁명이라 불릴 만큼 큰 변화가 시작됩니다. 스마트폰은 기기와 OS, 앱 장터 등 생태계 관점에서 접근해야 했습니다.

저는 이 과정 속에서 시스테믹 혁신이 실제 산업에서 어떻게 적용되는지를 확인했습니다. 그다음에는 스마트폰 이후의 혁신으로 대두되었던 사물 인터넷을 깊이 연구했습니다. 하지만 당시 별도 망으로 시스템을 새로 만들어야 하는 한계가 있어 연구를 이어가지는 못했습니다.

스타트업 열풍이 시작된 2015년 세 번째 직장으로 게임덕이라는 게임전용 영상 소셜 미디어를 이끌게 됩니다. 잠깐 산업 연구는 중단해야 했지만 게임덕 이용자인 MZ세대를 이해하는 계기가 되었습니다. 당시 하루의 3분의 1 이상을 MZ세대와 소통하며 그들의 특징인 무한한 가능성과 도전의식 등을 이해했습니다. 그 과정에서 메타버스의 예시로 주목받은 〈마인크래프트〉〈로블록스〉 등 새로운 세상을 미리 만났습니다.

짧지만 굵었던 스타트업 경험을 뒤로하고 2017년 원격 서비스 분야에서 아시아 1위인 알서포트에 입사합니다. 그 덕분에 원격 환경에서 일하는 방식과 연결성을 앞서 고민할 수 있었지요. 연결성 연구로 5G를 살펴보니 과거 중단했던 사물 인터넷 연구를 그대로 적용할 수 있었습니다.

그 이유는 5G가 이전 이동통신 기술과 달리 사물 인터넷을 하나의 망으로 제공 가능하기 때문입니다. 또 미디어 진화 관점에서 스마트폰 다음이 확장현실XR이므로 5G는 확장현실, 사물 인터넷, 인공지능을 구현하는 인프라로 기능합니다. 기존의 연구를 바탕으로 6G 그리고 메타버스, 원격사회, 데이터 경제라는 새로운 변화로 시사점을 정리했습니다.

＊ ＊ ＊

《변화 너머》를 쓰면서 2040년까지 대략적인 나름의 청사진을 제시하고 여러분과 공유했는데, 앞으로 이 청사진에서 제시한 각 분야의 세부 현상과 당면 과제, 산업·경제 전반의 변화를 더 세부적으로 연구하고 그 결과를 바탕으로 여러분과 소통하고자 합니다. 확장현실, 사물 인터넷, 인공지능, 메타버스, 원격사회, 데이터 경제 모두 각각 하나의 세부 주제가 될 것입니다. 다시 연구한 결과로 독자 여러

분과 만나기를 기대합니다.

　부디 부족한 이 책이 우리 사회가 맞이할 변화와 충격을 촘촘하게 보완적으로 짜인 시스템으로 묵직하게 받아내는 거대한 물결이 되는 데 기여하기를 소망하며 글을 맺습니다.

2021년 여름, 잠실 서재에서

신동형

변화 너머

2040 디지털 세상을 주도할
기술 전쟁의 시작

신동형 지음
ⓒ 신동형, 2021

초판 1쇄 인쇄일 2021년 8월 4일
초판 1쇄 발행일 2021년 8월 20일

ISBN 979-11-5706-238-6 (03320)

만든 사람들
책임편집   임채혁
디자인   이재호
홍보 마케팅   김성현 최재희 김규리 맹준혁
인쇄   아트인

펴낸이   김현종
펴낸곳   (주)메디치미디어
경영지원   전선정 김유라
등록일   2008년 8월 20일 제300-2008-76호
주소   서울시 종로구 사직로9길 22, 2층
전화   02-735-3308
팩스   02-735-3309
이메일   medici@medicimedia.co.kr
페이스북   facebook.com/medicimedia
인스타그램   @medicimedia
홈페이지   www.medicimedia.co.kr